Rudolph Penzig

Arthur Schopenhauer und die menschliche Willensfreiheit

Rudolph Penzig

Arthur Schopenhauer und die menschliche Willensfreiheit

ISBN/EAN: 9783743320994

Hergestellt in Europa, USA, Kanada, Australien, Japan

Cover: Foto ©ninafisch / pixelio.de

Manufactured and distributed by brebook publishing software (www.brebook.com)

Rudolph Penzig

Arthur Schopenhauer und die menschliche Willensfreiheit

Arthur Schopenhauer
und
die menschliche Willensfreiheit.

Inaugural-Dissertation

zur

Erlangung der philosophischen Doctorwürde

verfasst und

mit Genehmigung der philosophischen Facultät

der

vereinigten Friedrichs-Universität Halle-Wittenberg

mit den angehängten Thesen öffentlich vertheidigt

am

29. März 1879. Vormittags 12 Uhr

von

Rudolph Penzig

aus Samitz (Schlesien).

Opponenten:

Bernhard Hoffmann, Dr. phi
Ulrich Bär, cand. phil.

HALLE a S.,

Plötz'sche Buchdruckerei

EINLEITUNG.

Das Problem von der „Freiheit des menschlichen Willens" gilt gemeiniglich für eine jener uralten Fragen der Philosophie, welche in demselben Mass, als sich dieselbe aus einer vagen Naturspeculation zur Anthropologie und Psychologie verinnerlichte, hervorgetreten, dann in einer Reihe mannigfaltiger Modificationen von einem Jahrhundert dem anderen überwiesen, endlich auch als ein Erbtheil alter Zeit noch immer ungelöst an uns gekommen sei und der Beantwortung nach wie vor harre. Soviel Wahres diese Auffassung auch in sich schliessen mag, so ist sie doch keineswegs in allen Punkten zutreffend. Während nämlich zu allen Zeiten ohne Unterschied der sog. „common sense", der „gesunde Menschenverstand" mit dem einfachen Urtheil: „Ich kann thun, was ich will" die Sache abgethan wähnte und der Philosophie sogar die Berechtigung, nach der Freiheit des Wollens selbst zu fragen, bestritt, haben sich mit dem eigentlichen Problem in der Philosophie stets die mannichfaltigsten mehr oder weniger verwandten Fragen metaphysischer oder theologischer Art so eng verquickt, dass schon die scharfe Präcision der eigentlichen Frage, wie sie erst nach Hume's Angriff und Kant's Begründung des Causalitätsbegriffs möglich war, einen wesentlichen Fortschritt involvirt. Noth that es vor allen Dingen, zu erkennen, dass das Verhältniss von Nothwendigkeit und Freiheit, ihr Widerstreit und ihre Versöhnung in irgend welcher Speculation, dass das Verhalten menschlicher Selbstthätigkeit zu göttlicher Gnade, ja selbst dass die logische Untersuchung über den Streit der Begriffe Möglichkeit, Wirklichkeit und Nothwendigkeit, so nahe diese Gegenstände auch dem Metaphysiker und Theologen an unserem Problem zu liegen scheinen, dennoch nur geeignet sind, die unbefangene empirische Untersuchung des positiven Thatbestandes zu erschweren, ja zu fälschen; es musste klar werden, dass die Frage nach der Freiheit des menschlichen Willens weder der Metaphysik, noch der Ethik, noch der Dialektik zunächst angehört, dass sie keine andere ist, als die Frage nach dem Wesen jener Function oder jener Acte des selbstbewussten Wesens, welche wir mit dem zusammenfassenden Worte „Willen" bezeichnen; und dass sie als solche ebenso vor das Forum des kritischen Psychologen im weitesten Sinn, als vor das des Anatomen und des Statistikers gehört.

Wenn indess auch erst die neuere Zeit, die, abgewandt von transscendentalen Phantasien, sich auf die Erforschung der gegebenen Welt beschränkt, unserem Problem die, unserer Ansicht nach, einzig richtige Gestalt gegeben hat und es so gleichsam erst geschaffen, so ist ihr der Weg dazu allerdings schon durch die Forschung der alten Philosophie gebahnt worden. War es doch überhaupt erst die Philosophie, welche die Frage, wenn auch vorerst noch schief und unrichtig, der unwissenschaftlichen Genügsamkeit mit dem anscheinenden Bewusstsein der Freiheit gegenüber, aufwarf. „Διὰ τὸ θαυμάζειν οἱ ἄνθρωποι καὶ νῦν καὶ τὸ πρῶτον ἤρξαντο φιλοσοφεῖν", sagt Aristoteles; erst die Verwunderung über die abwechselnde Macht und Ohnmacht des Menschen gegenüber den ihn umgebenden Naturgewalten, den ihn bestimmenden und drängenden Leidenschaften, konnte zum Nachdenken über das, was „bei uns steht, oder nicht bei uns", über „τὸ ἐφ' ἡμῖν" und „τὸ μὴ ἐφ' ἡμῖν" führen. Für den unphilosophisch Denkenden sind Nothwendigkeit und Freiheit Erfahrungsbegriffe, die, als solche beglaubigt, gar nicht in einen Widerstreit kommen können; wo eben die, äusserlich als Zwang gedachte, Nothwendigkeit aufhört, fängt für ihn die Freiheit an, die er nur als das „sich bethätigen können" eines an sich als fertig vorausgesetzten Willens fasst, über dessen Beschaffenheit nachzugrübeln er sich ebensowenig gedrungen fühlt, wie etwa über die Gesetze seines täglich unbewusst geübten logischen Denkens. Diesem verwischenden und unbestimmten Frieden der Erfahrungsbegriffe muss die

Philosophie durch eine streng präcise begriffliche Fassung und Gegenüberstellung der Extreme ein Ende machen, und wir können Herbart*) nicht beipflichten, der im Interesse einer vorzugsweisen ethischen Versöhnung der beiden Begriffe der Meinung ist, dass „dem Worte Freiheit eine solche Präcision, wodurch es das strenge Gegentheil des Determinismus anzeigen würde, nicht aufgedrungen" werden könne. Aber die Untersuchung darf hierbei nicht stehen bleiben. Sind die Begriffe der Nothwendigkeit und Freiheit erst durch scharfe Entgegensetzung aus dem Nebel der schwankenden Erfahrungsbestimmung in das helle Licht der Dialektik gerückt, dann erst kann man ihre wirkliche Versöhnung suchen, nicht mit Hülfe ethischer oder metaphysischer Voraussetzungen, sondern durch eine rein sachliche Untersuchung des Thatbestandes der realen Welt, mit den Hülfsmitteln, welche uns Naturwissenschaft, Anthropologie, Völkerpsychologie, Statistik und endlich Selbstbeobachtung an die Hand geben. Dazu aber gehört vor Allem die Kenntniss des Willens selbst; wie konnte man hoffen, zu einer auch nur vorläufigen Aussage über die Grenzen, die Competenz, kurz das Wesen einer Geistesthätigkeit zu gelangen, wenn in der neuesten Zeit sich die Gegensätze noch so schroff gegenüberstehen, dass man auf der einen Seite in ihm nichts als die Reflexbewegung motorischer und sensorischer Nerven **) sieht, während auf der anderen Seite ein hervorragender Theologe ***) erklärt, dass „das Moment der Selbstbestimmung so wesentlich im Begriff des Willens liegt, ja so sehr dieser Begriff selbst ist, dass die Frage, ob der Wille in diesem Sinne frei ist, nicht mehr Sinn hat, als die Frage, ob die Materie schwer sei."

Nun ist allerdings nicht zu verkennen, dass wir von der Lösung einer solchen Principienfrage, ja selbst von der annähernd vollständigen Sammlung des blossen Materials

---

*) Zur Lehre von der Freiheit des Willens, 8. Brief, ed Hartenstein, op. IX, p. 373. 74.
**) Meynert, vom Gehirn der Säugethiere, in Stricker's Handbuch der Lehre von dem Geweben, Leipzig 1871. p. 694 ff.
***) Zeller, i. d. theolog. Jahrb. 1846. V, p. 388 ff.

noch himmelweit entfernt sind. Während über das sog. Bewusstsein der Freiheit uns die scharfsinnigen Deductionen und Selbstbeobachtungen fast aller Philosophen seit Platon zu Gebote stehen, welche nur den einen Fehler haben, sich fast durchgängig auf das Schärfste unter einander zu widersprechen, ist auf dem Gebiet einer rationellen „physiologischen Psychologie", der Gehirnforschung, vergleichenden Anthropologie und Statistik trotz der grossen Verdienste Einzelner kaum ein Anfang gemacht. Wir verweisen hier kurz auf die einschlägigen Untersuchungen von Wundt*), für Gehirnforschung Hitzig**), Lotze***) und Kussmaul****) für eine auf Experimenten beruhenden Psychologie, während für die Statistik neben ihrem Begründer Quételet†) gerade in Beziehung auf unser Problem Wagner††) und Drobisch†††) zu nennen sind. Alle diese Bemühungen bilden nur eine erste Etappe auf dem z. Th. ganz neu anzulegenden Wege zur Einführung der exact-naturwissenschaftlichen Methode auch auf die Untersuchung sog. innerer, psychologischer Vorgänge. Es kann uns daher nicht in den Sinn kommen, schon jetzt eine kritische Untersuchung über die Willensfreiheit des Menschen, die sich auf diesem empirischen Boden stützen könnte, zu versuchen. Was für jetzt zur Lösung dieser schwierigen Frage gethan werden kann, ist, neben jener empirischen und mühseligen Forscherarbeit, die Kritik dessen, was uns das philosophische Bewusstsein unserer Vorgänger wirklich Positives überliefert hat, insbesondere die genaue Prüfung der angeblichen Thatsachen des Bewusstseins, welche durch

---

*) Physiologische Psychologie. Leipz. 1873. Auch: Vorlesungen über Menschen- und Thierseele, Leipz. 1863.

**) Untersuchungen über das Gehirn. Berlin 1874.

***) Medicinische Psychologie 1852.

****) Untersuchungen über das Seelenleben d. neugeborenen Menschen. Leipz. u. Heidelberg 1859.

†) Du système social et des lois, qui le régissent. Paris 1848. besonders p. 65 ff.

††) Die Gesetzmässigkeit in den scheinbar willkürlichen Handlungen Hamburg 1864.

†††) Moralstatistik und Willenfreiheit. 1867.

Selbstbeobachtung von den meisten Denkern verbürgt werden. Wir erinnern uns dabei an das Wort und Beispiel Kant's, der „die Selbstbeobachtung für ein Werk von vielleicht grösserer Schwierigkeit" hält, als die richtige Beurtheilung Anderer, indem der „Forscher seines Inneren leichtlich statt blos zu beobachten, manches in das Selbstbewusstsein hineintrage" — daher auch Kant seine empirische Psychologie wesentlich auf die Beobachtung Anderer gründete.

Ein kurzer geschichtlicher Rückblick auf die Hauptphasen, welche die Frage nach der Willensfreiheit durchlaufen hat, wird genügen, um uns auf die Betrachtung und Kritik der letzten ausführlichen und im Zusammenhang mit einem geschlossenen philosophischen System aufgestelltem Theorie, der Ansicht Arthur Schopenhauer's über die Freiheit des Willens, vorzubereiten; gerade in dieser sammeln sich wie in einem Brennpunkt, die Irrthümer und das Richtige der früheren Anschauungen; sie ist deshalb vorzugsweise geeignet, einer positiven Untersuchung das Feld zu bereiten.

Geschichtlicher Rückblick.

In der Gestalt einer Frage nach dem Wesen des menschlichen Willens existirte, wie bereits oben angedeutet, unser Problem für die alte Philosophie nicht; wohl aber enthielten die Untersuchungen der Alten über das Verhältniss von Nothwendigkeit und Freiheit, über den Begriff des $δυνατόν$, und die praktischen Fragen der Erziehung und Sittlichkeit Elemente, welche mehr und mehr das Denken auf die Frage, ob denn der Willen wirklich eine freie, selbständige Kraft sei, hinlenken musste. Wie Trendelenburg in seiner Untersuchung über das Verhältniss der Begriffe Nothwendigkeit und Freiheit *) mit überzeugender Klarheit nachgewiesen, kam die alte Philosophie über das Missverhältniss zwischen der metaphysischen, wenigstens in der Idee überall postulirten, Nothwendigkeit des Geschehens und der ethischen Freiheit des Handelns nicht heraus. Zwar war die „Nothwendigkeit der Furcht," wie sie uns bei Homer als die über den Göttern waltende $μοῖρα$, bei Sophokles und den Tragikern als $ἄτη πεπρωμένη$, entgegentritt, **) einer „Nothwendigkeit der erkannten Ursachen" gewichen ***), wie aber diese Nothwendigkeit gedacht werden sollte, ob als ein blind waltendes Naturgesetz, oder als schöpferisches Walten eines vorbestimmenden Geistes, das beantworteten die einzelnen Schulen je nach den transcendenten Speculationen ihrer Häupter. Nachdem schon im $νοῦς$ des Anaxagoras, deutlicher und umfassender dann in der $πρόνοια$ des Sokrates, den $ἰδέαι$ Platon's

---

*) Histor. Beiträge zur Philosophie II, p. 112 ff. Berlin 1855.
**) Vgl. a. Herodot I, 91. $τὴν πεπρωμένην μοίρην ἀποφυγέειν ἀδύνατά ἐστιν καὶ θεῷ$ Diog. Laert. I. 77.
***) So sagt schon Heraklit (Stob. eclog. phys. I. p. 60 ed. Heeren): $εἱμαρμένην δὲ λόγον ἐκ τῆς ἐναντιοδρομίας δημιουργὸν τῶν ὄντων$. —

und endlich der ἐνέργεια des Aristoteles, der Zweckbegriff angefangen hatte, den der wirkenden Ursache zu verdrängen. spitzte sich die Aufgabe, das Verhältniss von Nothwendigkeit und Freiheit in der Natur begrifflich zu erfassen, immer schärfer zu dem Versuch einer Harmonisirung der causa efficiens mit der causa finalis zu, d. h. an die Stelle nüchterner Forschung traten gewagte Speculationen, die, weit entfernt, die Thatsachen der Erfahrung zu erklären, diese vielmehr ganz verliessen, und im begrifflichen Spiel der Gegensätze weder zu einem wirklichen Frieden unter einander, noch zu einer consequenzvollen einheitlichen Durchbildung kamen. So ist bei Platon im Timaeus weder in metaphysischem Betracht ein anschauliches Bild vom Eingehen der ἰδέα in die ὕλη, oder von der Vermählung von Nothwendigkeit und Freiheit, erreicht — denn sowohl das θεῖον, wie das ἀναγκαῖον bleiben nach Platons ausdrücklichen Worten συναίτια an der Weltbildung — noch auch ist für die postulirte ethische Willensfreiheit mit der Annahme einer freien vorzeitlichen That, gegenüber der zeitlichen absoluten Bedingtheit durch Ursachen, eine Basis gewonnen: jene Freiheit verschwimmt in das Walten grundlosen Zufalls, dieser reale Determinismus hebt die Möglichkeit einer sittlichen Erziehung auf.*) Bei Aristoteles flüchtet sich die durch die Herleitung alles Geschehens aus dem νοῦς **) bedrohte Freiheit in das Gebiet des vom Verstand bestimmten Handelns, ***) welches indess selbst wieder aus dem ἦθος, dem Wesen der Vernunftwesen, entspringt; für dieses aber finden wir ausser der φύσις keine Bedingung weiter, die für die Freiheit Raum liesse. Auch sind die Aussprüche des Aristoteles über das ἦθος selbst durchaus doppeldeutig und bisweilen geradezu entgegengesetzt. †)

---

*) Respubl. X. 617. ἡ ἀρετή ... ἀδέσποτον, ἣν τιμῶν καὶ ἀτιμάζων πλέον καὶ ἔλαττον αὐτῆς ἕκαστος ἕξει.   Ibid. I, 353. Ἀνάγκη ἄρα κακῇ ψυχῇ κακῶς ἄρχειν καὶ ἐπιμελεῖσθαι, τῇ δὲ ἀγαθῇ πάντα ταῦτα εὖ πράττειν.

**) Phys. V, 4. p. 228 a. 20. meteorol. I. 2. p. 339. a. 21.

***) eth. Nicom. III, 1 ff. p. 1109. b. 30. III. 1.

†) Vgl. Eth. Nicom. X, 10. τὸ μὲν οὖν τῆς φύσεως δῆλον, ὡς οὐκ ἐφ' ἡμῖν ὑπάρχει, ἀλλὰ διά τινας θείας αἰτίας τοῖς ὡς ἀληθῶς εὐτυχέ-

Nicht klarer ist die Lehre der Stoa, die, ohne sich des versteckten Widerspruches auch nur bewusst zu werden, auf der einen Seite das ὁμολογουμένως τῇ φύσει ζῆν, was die Freiheit zur Voraussetzung hat, fordert, auf der andern Seite aber auch von der starren εἱμαρμένη eines Gottes spricht, der, nach dem Ausdruck des Seneca: *) scripsit quidem fata, sed sequitur; semper paret, semel iussit. Dagegen wissen wir durch Diogenianus, dass in Chrysipp's Schrift über das Verhängniss der Satz stand: καὶ παρ' ἡμᾶς πολλὰ γίγνεσθαι**). Dass der Atomismus eines Epikur und Lucrez, verbunden mit der Lustlehre, der Boden sein sollte, wo eine Freiheit des Willens erwachsen könne, lässt sich schwer annehmen; und in der That ist denn auch, abgesehen von jener Setzung des absoluten Zufalls in der Frage nach der Annäherung der Atome, nur die „voluntas, quae materiem refrenavit per membra" ***) kalt behauptet, ohne alle Andeutung eines Versuch's, sie in das gesetzmässige Getriebe der Weltmaschine einzuordnen. Endlich sehen wir im Neoplatonismus eine theosophisch-mystische Speculation jene mit Mühe erst gesonderten und scharf begrenzten Begriffe der Nothwendigkeit und ihres Gegensatzes in die absolute Einheit einer totalen Unbestimmtheit zusammenschmelzen, so dass die alternde Philosophie im Taumel der absoluten Identitätslehre wie Kronos schliesslich ihr eigenes Kind verschlingt. —

Ueber die nun folgende Periode können wir kürzer hinweggehen. So lange die Philosophie bei der Theologie Magd-

---

σιν ὑπάρχει. III, 7. ἐφ' ἡμῖν δὲ καὶ ἡ ἀρετὴ ὁμοίως δὲ καὶ ἡ κακία ... οὐμὴν ἐάν γε βούληται ἄδικος ὢν παύσεται καὶ ἔσται δίκαιος· οὐδὲ γὰρ ὁ νοσῶν ὑγιής. Eth. Eudem. II, 6-10. Eth. Magn. I. 11. Gegen den Satz des Sokrates: οὐκ ἐφ' ἡμῖν γενέσθαι τὸ σπουδαίους εἶναι ἢ φαύλους polemisirt A. Eth. Magn. I, 9, trotzdem findet sich Eth. Nicom. VI, 13. Πᾶσι γὰρ δοκεῖ ἕκαστα τῶν ἠθῶν ὑπάρχειν φύσει πως· καὶ γὰρ δίκαιοι καὶ σωφρονικοὶ καὶ ἀνδρεῖοι καὶ τἆλλα ἔχομεν εὐθὺς ἐκ γενετῆς.

*) De provid. 5. Vgl. a. Phaedr. fragm. vol. 2. καὶ οὕτως ἀνάλογον ὀνομάζεσθαι, τὸν Δία καὶ τὴν κοινὴν πάντων φύσιν καὶ Εἱμαρμένην καὶ Ἀνάγκην καὶ τὴν αὐτὴν εἶναι Plutarch de fato c. 11. Stobaeus, ecl. phys. I, p. 178.

**) Euseb. praep. evang. III, 8.

***) Lucret. de rer. nat. II, 276.

dienste verrichtete, können wir eine rein philosophische Behandlung unserer Frage nicht erwarten, wenn man auch die Menge des dabei aufgewendeten Scharfsinnes anerkennen muss. Das theologische Interesse an der Frage war ein ganz anderes, als das philosophische.*) Deterministen und Indeterministen unterschieden sich weniger in der Auffassung des Verhältnisses des Menschen zu der Natur und ihren Gesetzen, als in der Bestimmung der Thätigkeit des Menschen dem göttlichen Erlösungswillen gegenüber: von einer exact-empirischen Untersuchung konnte daher keine Rede sein; die Intensität des religiösen Abhängigkeitsgefühles, die Wärme des Glaubens, entschied bald nach dieser, bald nach jener Seite. So ist bekanntlich Augustin.**) wie sein grosser Nachfolger Luther.***) Determinist. Der Mensch verlor in maiorem dei gloriam alle Selbstthätigkeit — aber (denn ein „aber" ist immer dabei) jenes servum arbitrium verwandelt sich bei dem wahrhaft Gläubigen durch göttliche Gnade wieder in ein liberum: der alte Adam ist unfrei, der neue frei in göttlicher Gebundenheit; was aber der Mensch eigentlich sei, erfahren wir nicht. Tritt nun dem tiefen religiösen Gefühl das Interesse an humanistischer Bildung und logischer Consequenz entgegen, so sieht man wahrhaft verzweifelte Versuche zur Harmonisirung der Gegensätze, wofür das Werk des Joh. Scotus Erigena, de praedestinatione Dei (ed. Floss) ein in der That klassisches Muster ist. Umgekehrt, wie Augustin, lehrte Albertus Magnus: der natürliche Mensch hat ein liberum arbitrium, aber — die Tugend, das eigentliche Gebiet freier sittlicher Selbstbestimmung, wird nur von Gott im Herzen des Menschen gewirkt. Freiheit ist sittliche Gebundenheit, Unfreiheit ist die Möglichkeit sich von diesem

---

*) Belehrend ist in diesem Betracht schon eine Stelle bei Clem. Alex. Strom. I. §. 17. οὔτε δὲ οἱ ἔπαινοι, οὔτε οἱ ψόγοι, οὔθ᾽ αἱ τιμαί, οὐδ᾽ αἱ κολάσεις δίκαιαι μὴ τῆς ψυχῆς ἐχούσης τὴν ἐξουσίαν τῆς ὁρμῆς καὶ ἀφορμῆς, ἀλλ᾽ ἀκουσίου τῆς κακίας οὔσης ... ἵν᾽ ὅτι μάλιστα ὁ θεὸς μὲν ἡμῖν κακίας ἀναίτιος.

**) De lib. arbitr. III, 18. Dagegen je nach theologischem Bedarf auch wieder Indeterminist. de lib. arb. I, 12. de animi quantitate c. 3.

***) De servo arbitrio ed. Seb. Schmidt, Strassburg 1707. p. 220 ff.

allgemeinen Gesetz zu emancipiren, Thomas von Aquino nennt jenes die „göttliche Freiheit" im Menschen, dieses die eigentlich „menschliche Freiheit" — die Begriffe werden leere Namen, mit denen im Interesse religiöser Fundamentalanschauungen ein geistvolles Spiel getrieben wird. Wenn auch auf der Synode zu Ephesus 431 der Pelagianismus von der oekumenischen Kirche verurtheilt worden ist, so hat in dogmatischer Beziehung doch auch keine einzige ausdrücklich den Augustinismus anerkannt, und in der That beherrscht der Semipelagianismus noch heut nicht nur die katholische, sondern sondern auch die protestantische Lehre.

Wenden wir uns nun der neueren Philosophie zu, um auch hier ein kurzes Facit ihrer Bemühungen um unser Problem zu ziehen. Einen gewaltigen Schritt vorwärts hat dieselbe allerdings gethan; die Frage trat jetzt, um mit Comte*) zu reden, aus dem „état théologique" in den „état methaphysique;" nicht mehr das Verhältniss des Menschenwillens Gott gegenüber, sondern überhaupt seine Stellung gegen die Erkenntniss, gegen das Denken wurde der Untersuchung unterworfen und so der letzten scharfen Fassung der Frage, ihrer Versetzung in den „état positif," vorgearbeitet. Freilich sehen wir nebenbei auch immer noch die Nachwirkungen des religiös-ethischen Interesses in der Postulirung der Freiheit, wenn man sie nicht nachweisen konnte. So belehrt uns Cartesius: **) „Sola est voluntas sive arbitrii libertas, quam tantam in me experior, ut nullius maioris ideam apprehendam." Die „innere Erfahrung," d. h. verständlich: das ethisch-dogmatische Interesse, falls nicht unter der libertas nur die s. g. „äussere Freiheit" verstanden werden soll, muss herhalten. Dagegen leuchtet der Gedanke einer Gebundenheit des Willens an die Erkenntniss, die in absoluter Vollkommenheit dann eine sittliche Freiheit constituiren würde, aus der Stelle: ***) Si semper, quid verum et bonum sit, clare viderem, nunquam de eo, quod esset iudicandum vel eligendum deliberarem,

---

*) Philosophie positive Paris 1830. 1, 1.
**) Medidat. de prim. philos. IV. Princip. phil. p. 1. §. 39.
***) Passion. Anim. I, 50. cf. observ. metaph. 1.

atque ita, quamvis plane liber, numquam tamen indifferens esse possem." So fällt die Nothwendigkeit des Guten in der höchsten denkbaren Erkenntnissentwicklung, die für uns freilich Ideal bleibt, mit dem freien Wollen desselben zusammen. Ganz anders Spinoza. Erfüllt von der höchsten Achtung vor dem strengen Causalitätsgesetz lässt er*) Ursache an Ursache sich schliessen und schreckt nicht vor dem regressus in infinitum zurück — da ja doch zuletzt alle seine endlichen Ursachen versinken in der „Substanz," die mit „immanenter Nothwendigkeit" (eine Nothwendigkeit, die man ebenso gut Freiheit nennen könnte!) sich in Denken und Ausdehnung manifestirt. Wohl gibt Spinoza eine gewisse physische Freiheit des Menschen seinem Vorgänger zu, wenn er in der epist. 62. das „invitum agere" dem „necessario agere" bewusst gegenüberstellt; äusserer Zwang beherrscht uns nicht immer, aber stets die Nothwendigkeit; diese indess lässt nun einmal für die libertas aequilibrii keinen Raum, und mit voller Consequenz erklärt denn auch unser Philosoph ohne die vorsichtigen Restrictionen seiner früheren Gesinnungsverwandten das Bewusstsein einer Willensfreiheit für **Selbsttäuschung aus Unwissenheit**. Nur ein Philosoph, ein Engländer, Hobbes, hatte vor ihm es gewagt, so rücksichtslos der herrschenden Meinung entgegenzutreten,**) auch in der nächsten Folgezeit waren es Ausländer, die den strengen Determinismus vertraten;***) in Deutschland trat mit der versöhnlichen Ansicht Leibnitzens, welche das Bewusstsein der nächsten Zeit beherrschte, ein entschiedener Rückschritt ein, insofern das Problem, das nach Spinoza ein rein metaphysisches war

---

*) Eth. II, prop. 48: In mente nulla est absoluta sive libera voluntas, sed mens ad hoc vel ad illud volendum determinatur a causa, quae etiam ab alia determinata est, et haec iterum ab alia, et sic in infinitum. I, prop. 32. III, prop. 2.

**) De cive I, c. 7. Fertur unus quisque ad appetitionem eius, quod sibi bonum, et ad fugam, eius, quod sibi malum est, maximeque autem maximi malorum naturalium, quae est mors, idque necessitate quadam naturae non minore, quam qua fertur lapis deorsum. -

***) Hume, Essay on liberty and necessity. — Priestley, The doctrine of philosophical necessity. — Voltaire, le philosophe ignorant, c. 13.

(da nach der Anerkennung der durchgängigen Geltung des Causalitätsgesetzes in der Erscheinungswelt nur mehr die ursprüngliche immanente Bewegung der „Substanz" zu erklären blieb) wieder in den Nebel unklarer Begriffsbestimmungen zurückgeworfen ward. Leibnitz schliesst sich an Cartesius an mit der nachdrücklichen Behauptung, dass l'esprit oder l'entendement — die Erkenntniss — den Willen beeinflusst:*) Et c'est dans ce sens, que j'ai contume de dire, que l'entendement peut déterminer la volonté suivant la prévalence des perceptions et raisons d'une manière, qui lors même, qu' elle est certaine et infaillible, incline sans nécessiter. Mit diesem Stichwort „incliner sans nécessiter" sind wir glücklich wieder in jener klangvollen philosophischen Sprache angelangt, die uns statt der Begriffe — Worte bietet.**) Reiz, aber keine Nothwendigkeit — und obendrein dennoch eine détermination von absoluter Gewissheit. Von den Motiven erfahren wir weiter, dass sie im „esprit" liegen — doch lassen wir Leibnitz selbst sprechen:***) Les motifs n'agissent point sur l'esprit, comme le poids sur la balance, mais c'est plutôt l'esprit, qui agit en vertu des motifs, qui sont des dispositions à agir. Ainsi vouloir, comme l'on veut ici, que l'esprit préfère quelque fois les motifs foibles aux plus forts, et même l'indifférent aux motifs, c'est séparer l'esprit des motifs, comme s'ils étaient hors de lui, comme le poids est distingué de la balance, et comme si dans l'esprit il y avait d'autres dispositions pour agir, que les motifs, en vertu desquels l'esprit rejetteroit ou accepteroit les motifs: Au lieu, que dans la vérité les motifs comprennent toutes les dispositions, que l'esprit peut avoir pour agir volontairement, car ils ne comprennent pas seulement les raisons, mais encore les inclinations, qui viennent des passions ou d'autres impressions précédentes. Ainsi si l'esprit préferoit l'inclination foible à la forte, il agiroit contre soi-même et autrement, qu' il est disposé d'agir." — So scheint der esprit nur die

---

*) Nouveaux essays sur l'entendement humain, II, ch. 21. §. 8.
**) Vgl. a. Théodicée III, 288.
***) Opp. philos. ed. Erdmann, p. 764ᵇ.

Gesammtsumme aller „Dispositionen", oder die Executivgewalt für den Beschluss eines kleinen Parlamentes von Motiven zu sein; als was man aber die „Dispositionen", welche nicht nur solche des Verstandes, sondern auch der Leidenschaften und des „Gefühls" überhaupt, sind, zu denken habe, ob es auch Motive oder Dispositionen gebe, die aus dem Willen selbst, als solchem, fliessen, nach welchem Princip das eine Motiv über das andere den Sieg davon trage, ob endlich das Resultanten-Motiv mit stricter Nothwendigkeit wirke — das sind alles Fragen, auf die uns Leibnitz keine Antwort ertheilt, und doch sind gerade sie es, auf die bei der Entscheidung unseres Problems Alles ankommt. — Mit dem Fortschritt der exacten Wissenschaften indess, welche die Gesetzmässigkeit von immer mehreren scheinbar willkürlichen Handlungen nachwiesen, also mit dem Allgemeinerwerden der Anerkennung lückenloser Nothwendigkeit im Weltverlauf, musste sich der Gegensatz ethischen Freiheitsbedürfnisses und speculativer Freiheitslosigkeit immer mehr verschärfen. In Kant's Theorie von der Willensfreiheit und in den modificirten Ansichten seiner Nachfolger sehen wir den klassischen Ausdruck dieser Antinomie. Gegenüber der gerade durch die Kritik der reinen Vernunft evident in's Licht gestellten Allgemeingültigkeit des Causalitätsgesetzes, das wenigstens für die Welt der Erscheinung und Erkenntniss die stricte Nothwendigkeit zur Herrscherin macht,*) half sich der grosse Meister, gestützt auf die Thatsache einer sittlichen Zurechnung, mit der Annahme der Freiheit als einer „transscendentalen Idee," einer Freiheit, die nur das „erdachte Unbedingte in Rücksicht des Verhältnisses von Ursache und Wirkung," die in einer intelligibeln Welt des Dinges an sich erfolgende Hypostasirung des „Vermögens, eine Causalreihe anzufangen," ist — und seitdem haben sich fast alle Vertheidiger der Willensfreiheit mit philosophischen Waffen des dargebotenen Hilfsmittels bedient, nämlich der Flüchtung der Freiheit in die intelligible

---

*) Krit. d. rein. Vernunft, 5 Aufl. p. 577. 826. Kritik d. prakt. Vernunft (Rosenkr.) p. 230.

Welt des Unerkennbaren. *) Wir werden diesen Punkt, in welchen gerade Schopenhauer mit Kant fast vollständig übereinstimmt, noch einer eingehenden Besprechung zu unterziehen haben, wenden uns nun aber mit Uebergehung des im Wesentlichen nichts Neues enthaltenden Urtheils von Schelling **) über die Willensfreiheit zur Darstellung der Schopenhauer'schen Lehre, welche neben der von Kant übernommenen Grundunterscheidung von Erscheinung und intelligibler Welt, dennoch selbständige Elemente in genügender Anzahl enthält, um eine gesonderte, eingehende Besprechung zu erfordern, zumal an ihr das Unvermögen der Speculation, die Frage einseitig nach metaphysischen Begriffen zu lösen, auf das Deutlichste hervortritt. —

---

*) Krit. d. rein. Vernunft p. 560—582. Krit. der prakt. Vernunft p. 224—231.
**) Untersuchung über die menschliche Freiheit, p. 465—471.

Darstellung von Schopenhauer's Lehre.

Dass ein Philosoph, dem der Willen — freilich in einem etwas über den gewöhnlichen Sprachgebrauch erweiterten Sinne — das metaphysische Princip der gesammten Welterklärung ist, auch der Frage nach der Beschaffenheit des menschlichen Willens besonders nahe treten musste, ist von vornherein wahrscheinlich. So finden wir denn auch neben der Spezial-Abhandlung Schopenhauer's „über die Freiheit des menschlichen Willens"*) wo er auf inductiven Wege und ohne Rücksicht auf seine Metaphysik an das Problem herantritt, in seinem Hauptwerk, der „Welt als Wille und Vorstellung"**) eine entsprechende deductive Erörterung, welche aus speculativen Voraussetzungen zu ihrem Resultat einer modificirten Leugnung der Freiheit gelangt, während für das nähere Verständniss seiner Ansicht auch die Schrift „Ueber den Willen in der Natur***) sowie seine Polemik gegen Kant†) schätzenswerthe Aufschlüsse ertheilt. Wenden wir uns zunächst der erstgenannten Schrift zu.

Ehe Schopenhauer an die Beantwortung der von der kgl. dänischen Akademie gestellten Preisfrage, ob nämlich die Freiheit des menschlichen Willens sich aus dem Selbstbewusstsein beweisen lasse, geht, macht er uns mit seinen Definitionen der in Frage kommenden Begriffe: Freiheit, Nothwendigkeit und Selbstbewusstsein bekannt. Danach ist ihm **Freiheit** zunächst ein rein negativer Begriff, und

---
*) Opera omn. ed. J. Frauenstädt, 6 voll. Leipzig 1873—74, nach welcher Ausgabe durchweg citirt wird. op. IV, 1—102.
**) Vol. II. III.
***) Vol. IV, 1—147.
†) Vol. II, p. 491 ff.

bedeutet nichst, als „die Abwesenheit alles Hindernden." Je nach der verschieden möglichen Natur der hindernden Factoren unterscheidet er eine physische, intellectuelle und moralische Freiheit. Die beiden ersteren gehören nicht vor das Forum des Philosophen, denn sie beziehen sich nur auf das ungehinderte Können des de facto Gewollten; erst die Frage nach dem Vorhandensein einer moralischen Freiheit führt uns auf den Kernpunkt der Untersuchung, nämlich das Bestimmtsein oder Unbestimmtsein des Wollens selbst. Zugleich tritt der Begriff der Freiheit hier aus seiner bisherigen Unbestimmtheit, wonach frei = dem eigenen Willen gemäss galt, in einen scharfen Gegensatz zu dem Begriff der **Nothwendigkeit**. Wenn diese nämlich identisch ist mit „der Folge aus einem zureichenden Grunde", so muss Freiheit jetzt analog der Kantischen Erklärung als „Vermögen, eine Causalreihe von selbst anzufangen", gleich der Abwesenheit eines zureichenden Grundes, oder gleich absoluter Zufälligkeit sein. — Im **Bewusstsein** unterscheidet ferner Schopenhauer zwei Theile, das eigentliche „Selbstbewusstsein", dessen Object nur das Wollen ist, und das „Bewusstsein andrer Dinge", welches durch die an der Grenze zwischen beiden liegenden apriorischen Denkformen, Zeit, Raum und Causalität bedingt ist. Analytisch, durch Betrachtung der Data, die in beiden liegen, ist nun zu untersuchen, ob der Wille des Menschen sich aus sich selbst bestimmt, oder nicht. — Im ersten Abschnitt, wo der „Wille vor dem Selbstbewusstsein" erscheint, wird nun gezeigt, dass in diesem weiter nichts enthalten ist, als das Bewusstsein der oben erwähnten „physischen Freiheit", welches, darauf gestützt, dass jeder Willensact zugleich Leibesbewegung ist, aussagt: ich kann thun, was ich will. Das Wollen selbst ist dabei stets conditio sine qua non; wie es aber selbst beschaffen sei und wovon bestimmt, darüber weiss das Selbstbewusstsein nichts zu sagen, zumal da es den schliesslichen Ausfall eines Wollens stets erst empirisch durch die erfolgte That erfährt. Motive zum Wollen, die gleichsam die im Gleichgewicht schwebende Kraft des Willens erst auslösen, kommen stets erst durch **das Bewusst-**

sein andrer Dinge in das Selbstbewusstsein hinein; an jenes müssen wir uns also wenden mit unserer Frage, ob bei gegebenem zureichendem Motiv die That mit Nothwendigkeit erfolgt, oder ob im Willen selbst, also ohne jedes Motiv, noch eine vis repugnantiae verborgen ist.

Hier, vor dem Bewusstsein anderer Dinge, ist nun nicht der Wille an sich unser Object, sondern zunächst nur willensbegabte Wesen; dieser anscheinende Nachtheil gleicht sich aber überreich aus durch die ungleich grössere Vollkommenheit unseres Werkzeuges zur Beobachtung; war dort nur das „dunkle Selbstbewusstsein", so steht uns hier der Verstand und die Sinne zu Gebote. Die allgemeinste Form des Verstandes ist das Gesetz der Causalität: keine Veränderung ohne Ursache; war es doch überhaupt erst diese Verstandesform, welche uns die ganze Welt der Objecte, also den ganzen Inhalt des Bewusstseins anderer Dinge, schuf*) und in den ebenso apriorischen Verstandesformen von Zeit und Raum die Basis errichtete, auf welcher der Name „Veränderung" erst irgend einen Sinn hat. In der Welt der realen Objecte tritt uns nun der Hauptunterschied von „organischen" und „anorganischen" Wesen entgegen, und demgemäss auch eine verschiedene Art von Veränderung. Schopenhauer gliedert dieselbe recht scharfsinnig in Veränderungen, die auf Ursachen — anorganische Welt — auf Reize — vegetatives Leben — und auf Motive — animalisches Leben — erfolgen. Die letzteren zerfallen wieder in rein intuitive und in abstracte Motive, deren erstere dem eigentlichen Thier, letztere den mit Intellect begabten Wesen zukommen. Die Möglichkeit einer gleichzeitigen Auffassung abstracter Denk- oder Erinnerungsmotive neben den unmittelbar gegenwärtigen und anschaulichen (nebenbei nach Schopenhauer die einzige Aufgabe der „Vernunft" im Unterschied vom „Verstand") giebt dem Menschen eine relative oder comparative Freiheit, nämlich im Vergleich zu dem an Gegenwart und Anschauung gefesselten

---

*) Vgl. „Ueber die vierfache Wurzel des Satzes vom zureichenden Grund, Vol. 1, p. 27.

Thier, sie vermittelt die Möglichkeit einer Wahl. Gleichwohl wird die Nothwendigkeit der durchgängigen Motivation, die ja nur eine specielle Gestalt des Causalitätsgesetzes ist, davon nicht berührt. — In der aufsteigenden Reihe von Ursach, Reiz und Motiv nimmt nicht der Grad der Nothwendigkeit, mit welcher Wirkung, Reaction und Handlung erfolgt, ab, sondern nur die Anschaulichkeit und Verständlichkeit des Vorgangs für unseren Intellect, je höher wir kommen. Gilt von der anorganischen nur durch Ursachen bewegten Welt noch der Satz, „Wirkung und Gegenwirkung sind einander gleich" und „der Grad der Wirkung ist dem Grad der Ursache genau angemessen" — so verschwinden diese beiden Anhaltspunkte schon in der sich auf Reize bewegenden Welt; das Subject des Reizes braucht keine Gegenwirkung zu erleiden, auch können die kleinsten Reize die grössten Veränderungen zu Wege bringen. In der Welt der auf Motive handelnden Wesen gar ist zwischen Motiv und Handlung so wenig äusserlich nachweisbarer Zusammenhang, ja selbst dem handelnden Subjecte wird sehr häufig die geheime Veranlassung seiner anscheinend freien Entschliessung so wenig klar, dass die gänzliche Leugnung eines Causalnexus durch Annahme einer absoluten Freiheit völlig erklärbar, nichtsdestoweniger aber ebenso unberechtigt als ungereimt ist, da nicht ersichtlich ist, wie durch die grössere Unerkennbarkeit eines Vorgangs sein Wesen, das durchweg in der Sphäre der Nothwendigkeit liegt, geändert werden könnte. Bei dem Versuche, eine absolute Freiheit, ein liberum arbitrium indifferentiae, zu denken, muss in der That und buchstäblich der Verstand stille stehen, denn er hat, nach Wegnahme der Form der Causalität, keine andere, ein solches zu denken.

Alle Veränderung indess, mag sie auf Ursachen, Reize oder Motive erfolgen, setzt eine ursprüngliche Kraft voraus in dem, worauf gewirkt werden, oder was sich verändern soll. Diese, selbst unerklärbar, ist das Princip aller Erklärung; die Ursachen bestimmen nur die Punkte der Aeusserungen dieser Kraft. Der Mensch nennt diese Kraft, welche bei ihm von den Motiven ausgelöst wird, Willen. Speciell bestimmter Wille ist Charakter. Der Charakter des Menschen ist **individuell** — denn bei aller Aehnlichkeit der Species sind doch die moralischen Anlagen, ganz ebenso wie die intellectuellen in jedem Individuum verschieden — **empirisch** — denn er wird erst an seinen Früchten, den Thaten, langsam im Verlauf des Lebens erkannt — er ist **constant** — denn es ändert sich wohl mit der Erziehung der Vorrath möglicher Motive, d. h. die Erkenntniss, nicht aber der Charakter selbst, was durch die Existenz des Gewissens, das allererst hierdurch möglich wird, bewiesen wird — endlich **angeboren**, — denn die Verschiedenheit des Handelns zweier Menschen von gleicher Erziehung, Bildung etc. ist nur durch einen essentiellen Unterschied ihres Characters erklärbar; den Grund dafür aber in die Erkenntniss verlegen, hiesse die Moral zu einer Lehre verflüchtigen. Jede Handlung ist durch die beiden Factoren, Charakter und Motiv, schlechthin bestimmt. Das Thun folgt ganz und gar aus dem Sein — operari sequitur esse; „quidquid fit, necessario fit et aliter factum esse non potuit."

Hatte nun Schopenhauer bis hierher ein wahrhaft vernichtendes Gericht über den Begriff einer motivlosen Freiheit des Zufalls gehalten, so wendet er sich nun, nach einer kurzen Blumenlese aus den identischen Aussprüchen früherer Philosophen, Theologen und Dichter, in einem Schlussabschnitt einer „höheren Ansicht" zu.

Anknüpfend an eine bisher absichtlich übergangene Bewusstseinsthatsache, „das völlig deutliche und sichere Gefühl der Verantwortlichkeit" für unser Thun, welches dem Ich als dem Thäter seine Thaten zurechnet, kommt Schopenhauer noch einmal auf jenen subjectiven Factor jeder That, den Charakter, zurück und häuft auf diesen die ganze Schuld oder das ganze Verdienst. Ein anderer Charakter, d. h. ein anders bestimmtes Sein, hätte, so meint er, unter dem Druck derselben Motive auch ein anderes Thun ergeben; das Gefühl der Verantwortlichkeit geht also auf das Sein des Menschen.

Wo aber Verantwortlichkeit ist, da ist Freiheit, das Sein des Menschen muss also seine eigene freie That sein — und dies Mysterium wird erklärt mit Zuhülfenahme des „intelligiblen Charakters", des Willens als Ding als sich, welcher aus der Realität der Erscheinungswelt hinausgerückt und über den engen Schranken der menschlichen Vorstellungsformen Zeit, Raum und Causalität, sich absolut frei selbst bestimmt. Die Freiheit ist also in der Welt als Vorstellung nicht anzutreffen, sie ist transcendent. Soweit unser Philosoph in jener Abhandlung: wir werden nur Weniges vor der Hand noch aus seinen anderen Schriften hinzuzufügen haben.

Wie Schopenhauer in seinen Hauptwerk mit grosser Ausführlichkeit nachgewiesen zu haben glaubt, und wie er in der Abhandlung über den Willen in der Natur durch Zeugnisse der Physiologie, Pathologie, Anatomie, Pflanzenphysiologie, physischen Astronomie, Linguistik etc. des Weiteren erhärtet, ist das Prius alles Seins, das Ding an sich schlechthin, welches allem Sein und Werden schöpferisch zu Grunde liegt, der Wille. Dieser ist dem philosophirenden Subject ganz unmittelbar, ohne Zuhülfenahme der Erkenntniss, als Centralpunkt seines Ich's bekannt. Der Leib ist die Objectivation desselben für den erkennenden Verstand; dieser selbst aber, oder genauer das Gehirn mit all seinen Functionen, ist nur die Objectivation eines Special-Wollens, des Erkennenwollens;*) der Wille ist metaphysisch, der Intellect nur physisch, also wenn wir mit Spinoza reden wollten, ein Accidens gegenüber der Substanz. Auch die Auffassung der uns umgebenden Erscheinungswelt ändert daran nichts; denn wenn der „theoretische Egoismus", dessen philosophische Berechtigung aber Schopenhauer nicht anerkennt,**) auch, die ganze sog. äussere Welt leugnend, ihr nur eine Existenz im Intellect des jeweilig vorstellenden Individuums zugestehen wollte, so wäre doch sie in demselben Maasse, als der Intellect, der sie erzeugt,

---

*) Op. vol. III, c. 19. 20. p. 294.
**) Op. omn. vol. II, § 19, p. 124.

nur eine Objectivation des Willens; wenn man aber mit Schopenhauer durch einen Analogieschluss der Welt der Objecte eine Existenz ausserhalb des Gehirns des vorstellenden Subjekts, also eine gewisse Realität, zuerkennen mag, so kann doch diese Realität eben auch keine andere sein, als die einzige, von der wir unmittelbar Kenntniss haben, nämlich die des Willens; d. h. also, die ganze Summe des Denkbaren und Seienden geht im Willen ohne Rest auf*). Durch diese Deduction gewinnt nun hier Schopenhauer die metaphysische Basis für seine Freiheit des Willens; indem er ihn als Ding an sich aus der Erscheinung herausnimmt, befreit er ihn auch von den vier Gestaltungen des Satzes vom Grunde, der alle Erscheinung beherrscht. Insofern nun irgend ein Ding Erscheinung ist, ist es durchaus unfrei; insofern aber jeder Erscheinung das Ding an sich zu Grunde liegt, ist es frei; so ist in diesem Sinne auch der Mensch unfrei und frei zugleich; sein freier intelligibler Charakter prägt sich in einem unfreien empirischen Charakter aus. Diese Freiheit hat indess der Mensch mit allen Objecten der Erfahrung gemein, insofern allen das Ding an sich irgendwie zu Grunde liegt. Eine ganz speciell ihm zukommende Freiheit aber besitzt er noch in seiner Eigenschaft als „höchste Objectivation des Willens", welche mit einem so hohen Grade von Erkenntniss verbunden ist, dass dieselbe das Wesen des Willens selbst aufzufassen vermag und die Nichtigkeit seines blinden Strebens aufzudecken. Der so hoch gesteigerte Intellect, der „den Schleier der Maja zerrissen", kann nun zur Selbstverneinung des Willens führen; der in seinem innersten Wesen durchschaute Wille wendet sich dann freiwillig von seinem bisherigen erkenntnisslosen Wollen, das auf die Bejahung des Lebens gerichtet war, ab und hebt sich unter den Phänomenen der Heiligkeit und Selbstverleugnung selbst auf. Diese Möglichkeit ist eine dem Menschen ganz allein zukommende Freiheit, und hier steigt also die intelligible Freiheit aus ihrer transcendenten

Höhe herab in die Erscheinung. Die metaphysische Deduction der Willensfreiheit geht, wie wir sehen und nachher wohl zu beachten haben werden, über die im ersten Abschnitt gegebene Darstellung hinaus; allerdings nur in diesem Punkte; der weitere Nachweiss der durchgängigen Herrschaft der Nothwendigkeit über die Erscheinungswelt deckt sich im Wesentlichen mit dem oben gegebenen; wir können daher nach dieser summarischen Uebersicht über die Lehre unseres Philosophen nunmehr zur Kritik derselben übergehen. —

Kritik der Theorie Schopenhauer's.

Wenn die philosophische Kritik, wie Fr. A. Lange einmal sagt*), ihre wahre Aufgabe nicht zunächst darin hat, zu zeigen, dass eine Lehre unhaltbar ist, sondern wie ihr Vertreter zu seinem Irrthum gekommen, und ferner, welche Bedeutung dieselbe trotz ihrer Mängel für den Fortschritt der Erkenntniss hat, so wird sich unser Augenmerk naturgemäss auf diese drei Punkte zu richten haben. Wir werden also einerseits die inneren Widersprüche, welche Schopenhauer's Ansicht anhaften, aufzuzeigen haben, dann den tiefern Grund, aus welchem sie entsprungen aufsuchen und andererseits beurtheilen müssen, ob und inwiefern die von ihm vertretene Theorie die Lösung der Frage gefördert hat.

Zweierlei muss von einem Philosophen, der es unternimmt, vom Boden eines geschlossenen Systems aus eine so schwierige Untersuchung, wie die über die Freiheit des Willens, anzustellen, gefordert werden: einmal die logische Unantastbarkeit und Lückenlosigkeit seiner Schlusskette selbst, andererseits die Tauglichkeit des von ihm gefundenen Resultates dazu, die anerkannten Thatsachen, von denen seine Untersuchung ausging, zu erklären und begreifbar zu machen. Man sollte glauben, dass dieser elementare Satz, der die Grundlage für alle Wissenschaft bildet, allzu selbstverständlich wäre, als dass man ihn hier noch einmal aussprechen müsste. Dem ist aber durchaus nicht so. Dem für die Wissenschaft unentbehrlichen **Postulat der durchgängigen Begreiflichkeit der Welt** wird, und zwar nicht nur von Theologen, sondern auch von Philosophen ebenso hartnäckig ein letzter frommer Verzicht auf das Begreifen insbesondere ethischer

---
*) Logische Studien, Iserlohn 1877, p. 4.

oder metaphysischer Thatsachen entgegengestellt. So hat Jürgen Bona Meyer — und man gestatte uns diese kleine Abschweifung, da dieselbe geeignet ist, auch auf unsere Stellung gegen Schopenhauer einiges Licht zu werfen — der von Schopenhauer nicht nur behaupteten, sondern nachgewiesenen Undenkbarkeit der Willensfreiheit im strict indeterministischen Sinne, nichts Anderes entgegenzusetzen, als den trivialen Hinweis darauf, dass uns ja überhaupt alles Werden und Denken unbegreiflich sei.*) Getreu seinem Glauben an eine „Seele" deducirt er, dass diese als ein „schon bestimmtes, mit verschiedenen Kräften ausgestattetes Etwas" auf die Welt kommt — die Willensfreiheit ist nun natürlich nur eine dieser Kräfte des so herrlich ausgestatteten Etwas. Das „Etwas" repräsentirt die Essentia der Scholastik, und die Existentia entwickelt sich nun harmlos daraus. Wenn nun dieses Etwas ein so bestimmtes ist, wie uns Meyer glauben machen will, so ist es in der That recht zu bedauern, dass er zu seiner Bezeichnung nicht ein etwas „bestimmteres" Wort gewählt hat, als „Etwas": unter einem „Etwas" sich etwas zu denken, ist gewiss für den gewöhnlichen Verstand ein wenig schwer. Doch nicht das Etwas ist Meyer dunkel — das ist ja unsere alte tausendjährige Freundin, die liebe Seele — sondern einzig und allein „der Hergang jener Kraftentwicklung unserer Seele", oder „wie die Seele es anfängt, aus sich den Anfang einer Reihe von Wirkungen zu erzielen." Gewiss, auch uns ist dies dunkel, und darum eben müht sich die Wissenschaft, durch eine sorgfältige Untersuchung vielleicht einige Lichtstrahlen aufzufangen — aber Meyer tröstet sich sofort: es ist nun einmal unbegreiflich wie alles Werden; damit Punktum; an Seele und Willensfreiheit wird aber nun erst recht geglaubt. Es ist der alte Salto mortale vom Wissen zum Glauben, der nun schon Jahrhunderte hindurch stets von Neuem executirt wird, anstatt dass das Wissen gerade aus den Hindernissen, die sich ihm in den Weg stellen, neue Kraft schöpfen sollte zum Weiterstreben. Nur bleibt nicht

---

*) Philosoph. Zeitfragen. Bonn 1870, p. 205 ff.

recht verständlich, warum man dann überhaupt erst den Verstand in Unkosten setzt, von der hohen Aufgabe der Wissenschaft spricht, und mühselig mit dem grössesten Eifer alle kleineren Löcher und Unebenheiten ausfüllt und wegräumt auf einem Wege, der doch früher oder später in einen Abgrund endigt. Wozu der ganze Lärm, wenn uns die Willensfreiheit am Schluss wieder als dieselbe unbegreifliche Erfahrungsthatsache aufgetischt wird, als welche sie eben den Anstoss zum Begreifenwollen gab. Mag der besonnene Forscher auch hie und da (und leider noch recht oft!) zu dem Urtheil gezwungen sein, dass dieser oder jener Vorgang bis jetzt noch nicht begreiflich ist — sowie er dasselbe verkehrt in die Anerkennung einer Unbegreiflichkeit als solcher, hat Verstand und Wissenschaft ein Ende. Wir müssen also an unserer Forderung festhalten: Widerspruchslosigkeit der Deduction und Möglichkeit, die Thatsachen der Willensäusserungen ohne Rest begreiflich zu machen.

Beiden Ansprüchen ist Schopenhauer nicht gerecht geworden.

Gerade unser Philosoph ist bekanntlich ein Todfeind jener Schelling-Hegel'schen Richtung in der Philosophie, welche sich für ihre geistreichen und blendenden Speculationen auf eine intuitive Vernunfterkenntniss beruht, die nicht nur in dem Vermögen abstracten, discursiven Denkens bestehen, sondern gewisse Vernunftideen (wozu leider Kant selbst mit seinen Ideen der praktischen Vernunft den Anstoss gegeben) gleichsam als ideae innatae enthalten soll. Wenn wir ihn nun so als Vorkämpfer eines nüchternen, stets auf die Basis des Realen zurückgehenden Denkens energisch Front machen sehen gegen jene Wortphilosophie, bei der nur zu oft das Wort den Begriff vertreten muss, so sollte man erwarten, ihn selbst von diesem Fehler frei zu finden. Wir werden indess sogleich erfahren, dass auch hier der scharfe Kritiker dem eigenen System gegenüber Messer und Sonde anzuwenden vergessen hat. Dem Hauptvorwurf in dieser Hinsicht unterliegt Schopenhauer überall da, wo er über Kant hinausgehend das von Diesem in weiser Beschränkung unerkennbar gelassene Ding an sich uns als Willen nachzuweisen sucht, kurz in seiner ganzen Lehre von der intelligiblen Welt und den Ideen. Sehen wir uns zunächst nach der Quelle um, aus welcher uns die Erkenntniss von jener über der gewöhnlichen sinnlichen Erfahrung liegenden Welt zu Theil wird. Da erfahren wir denn, dass die ganze Welt als Vorstellung uns nur bekannt wird durch die Sinne und die apriorischen Verstandesformen Zeit, Raum und Causalitätsgesetz. In der Abhandlung über die vierfache Wurzel des Satzes vom zureichenden Grunde wird mit scharfer Polemik jeder Versuch abgewiesen das Causalitätsgesetz aus seiner subjectiven Sphäre in eine Geltung auch für das Ding an sich zu versetzen; es gilt einzig und allein: 1) für die Welt der Vorstellung oder die realen Objecte 2) für die Welt der abstracten Begriffe, als welche doch stets in Anschauungen wurzeln müssen, oder die Vernunft, 3) für die apriorischen Erkenntnissformen des Subject's, Raum und Zeit und endlich 4) für das individuell bestimmte Subject des jedesmaligen Wollens — dagegen nicht für das Wollen überhaupt oder den Willen abgesehen von seiner Objectivation, das Ding an sich. Nun ist nach seiner eigenen Angabe das Causalitätsgesetz die einzige Form aller Erkenntniss; seine allgemeine Definition desselben behauptet kurzweg „dass ohne diese der Form nach a priori bestimmbare Verbindung nichts für sich Bestehendes und Unabhängiges, auch nichts Einzelnes und Abgerissenes, Object für uns werden kann", d. h. dass es ausserhalb unserer Erkenntniss liegt.*) Fällt also das Ding an sich nicht unter das Causalitätsgesetz, so ist offenbar, das es nie Object für uns werden kann. Hier war Kant stehen geblieben und hatte das Ding an sich ohne alle Bestimmung gelassen. Trotzdem sehen wir Schopenhauer weiter gehen und uns das Ding an sich plötzlich als alten guten Bekannten im Willen präsentiren. Wie ist das möglich? Seine Abhandlung über das metaphysishe Bedürfniss des Menschen"**) giebt uns darüber Aufschluss. Indem er aus der „Verwunderung über das Dasein selbst,"

---

*) Op. omn. vol. I, § 16 p. 27.
**) Op. omn. vol. III, cap. 17 p. 175 ff. 203 ff.

zu welchem der dem einseitigen Dienst der Motivation des Willens sich entziehende Intellect bei der Betrachtung des Leidens, Uebels, Todes etc. gelangt, das metaphysische Bedürfniss des Menschen als berechtigt folgert und dessen Existenz durch die Religions- und Philosophie-Systeme aller Zeiten belegt, findet er für die Befriedigung dieses Bedürfnisses und die Möglichkeit einer über die Erfahrung hinausgehenden Erkenntniss als Quell und Fundament — das Selbstbewusstsein, in seiner Eigenschaft als ein sich seiner unmittelbar in innerer Erfahrung bewusster Wille. Er unterscheidet danach jedenfalls die durch das Causalitätsgesetz vermittelte Erfahrung streng von einer andern unmittelbaren, die man mit einem allerdings nicht ganz passenden Namen vielleicht „intuitive Erfahrung" nennen könnte; nennt er doch selbst im Gegensatz zu Kant die Metaphysik eine Erfahrungswissenschaft, und ein Wissen, das einerseits geschöpft ist aus der Anschauung der äusseren Welt, andererseits aus dem Selbstbewusstsein.*) Dass aber im Selbstbewusstsein sich das Selbst gerade als Wille und als Ding an sich erkennt, erhält seine Bestätigung durch die nur durch diese Auffassung erzielte Möglichkeit, die Welt und alles Werden so, als Objectivation des Willens, zu verstehen.

Wir müssen nun auf diese unmittelbare Erkenntniss im Selbstbewusstsein näher eingehen; denn eine sachliche Widerlegung der Ansicht unseres Philosophen über die Freiheit des Willens ist unmöglich, ehe wir nicht einmal die speculative Basis des Willens als Ding an sich zerstört haben, und ferner die intelligible Welt, das schliessliche receptaculum der aus der Erscheinungswelt verjagten Freiheit, als Täuschung nachgewiesen.

Jene im Selbstbewusstsein gegebene unmittelbare Erkenntniss ist nämlich nach den eigenen Principien Schopenhauers
erstens: nicht möglich,
zweitens: ist das, was uns Schopenhauer als solche darbietet,

---
*) a. a. O. p. 204.

nicht „unmittelbare Erkenntniss", sondern Abstraction, gehört also in das Gebiet der Vernunft und unter das Causalitätsgesetz, und
drittens: ist das Selbstbewusstsein nach seiner eigenen Bestimmung nicht der Ort, in welchem eine solche Erkenntniss Platz haben könnte.

Schopenhauer selbst belehrt uns einmal, dass der kühne Schritt, den er mit der Entdeckung des Kant'schen Grenzbegriffs in unserem Bewusstsein, in die Welt des Dinges an sich gemacht zu haben vorgab, nur ein blendender Schein ist. Die Erwägung nämlich, dass ja das uns so intim Bekannte, der Wille, um uns, d. h. sich selbst, überhaupt in irgend einer Form bekannt zu werden, schon offenbar die Form eines Objectes, wie man sich diese auch denken mag, angenommen haben muss, dass wir mit einem Wort nicht den Willen an sich, sondern den Willen in der in uns selbst real gewordenen Objectivation im Selbstbewusstsein finden, nöthigt ihm folgende merkwürdige Stelle ab*): „... Inzwischen ist wohl zu beachten, dass auch die innere Wahrnehmung, welche wir von unserem eigenen Willen haben, noch keineswegs eine erschöpfende und adäquate Erkenntniss des Dinges an sich liefert." Nachdem er dann die Nothwendigkeit dieser Unvollkommenheit unserer Erkenntniss dadurch nachgewiesen, dass selbst im Selbstbewusstsein die Form von Subject und Object, Erkennendem und Erkanntem, Intellect und Willen, sowie die Form der Zeit unentbehrliche Voraussetzungen sind, fährt er fort: „Dennoch hat in dieser inneren Erkenntniss das Ding an sich seinen Schleier zwar zum grossen Theil abgeworfen, tritt aber doch nicht ganz nackt auf ... aber dennoch ist die Wahrnehmung, in der wir die Regungen und Acte des eigenen Willens erkennen, bei Weitem unmittelbarer, als jede andere; sie ist der Punkt, wo das Ding an sich am unmittelbarsten in die Erscheinung tritt und in grösster Nähe vom erkennenden Subject beleuchtet wird, daher eben der also intim erkannte Vorgang der Aus-

---

*) Op. omn. Vol. III. cap. 18. p. 220.

leger jedes anderen zu werden einzig und allein geeignet ist." Die Kantische Unerkennbarkeit des Dinges an sich wird also dahin modificirt, dass dasselbe nur nicht schlechthin und von Grund aus erkennbar ist, dass dagegen die relativ unmittelbarste Erscheinung desselben in der alleinigen Form der Zeit dasselbe bei uns vertritt. „Demzufolge", fährt er fort, „lässt auch nach diesem letzten und äussersten Schritt sich die Frage aufwerfen, was denn jener Wille, der sich in der Welt und als die Welt selbst darstellt, zuletzt schlechthin an sich sei? d. h. was er sei, ganz abgesehen davon, dass er sich als Wille darstellt oder überhaupt erscheint, d. h. überhaupt erkannt wird? — Diese Frage ist **nie zu beantworten, weil, wie gesagt, das Erkanntwerden selbst schon dem Ansichsein widerspricht.**" Diese Stelle scheint dem gewandten Vertheidiger Schopenhauers gegen alle Angriffe, Julius Frauenstädt,*) nicht gegenwärtig gewesen zu sein, wenn er seine Bemerkung, dass ein ursprünglich Reales zwar seine Realität nicht aus dem Vorgestelltwerden schöpfe, aber doch unbeschadet seiner Realität vorgestellt werden könne, in dem Satze gipfeln lässt: „Das Ding an sich verliert durch sein Vorgestelltwerden nicht sein Ansichsein." Woher hat aber Frauenstädt sein „ursprünglich Reales"? Ein „ursprünglich Reales", ein Sein oder Nichtsein, das nicht in irgend einer Weise **für uns** ist oder nicht ist, ist eine offenbare Kenologie. Was nicht vorgestellt, nicht erkannt werden kann, ist weder real, noch irreal, sondern einfach gar nichts, ja selbst der Name eines „Nichts" ist noch zu positiv dazu; alle Begriffe gehen uns buchstäblich aus bei dem Versuch, ein Etwas ohne alle Objectsbeziehung auf ein Subject zu denken.**) — Somit ist das eigentliche Ding an

---

*) in „Unsere Zeit" Zeitschr. für Litteratur etc. V, 1869. p. 770.
) Man vgl. a. „über den Willen in der Natur" op. IV, p. 72. „Wir sehen von unserem realistischen, äusseren, das Objective, die Naturwesen, als das schlechthin Gegebene nehmenden Standpunkt aus, was der Intellect seinem Zweck und Ursprung nach ist und zu welcher Klasse von Phänomenen er gehört: daraus erkennen wir, (insofern a priori) dass er auf blosse Erscheinungen beschränkt sein muss, und dass, was in ihm sich darstellt, immer nur ein hauptsächlich **subjectiv Bedingtes, also ein mundus phaenomenon sein kann . . . . nie aber ein Erkennen der Dinge nach dem, was sie an sich sein und wie sie an sich zusammenhängen mögen." —

sich, der überhaupt nicht objectivirte Wille, uns richtig wieder entschlüpft, und wir müssten, um endlich zu ihm zu kommen, nicht nur die Formen des Bewusstseins anderer Dinge, um diesen kurzen Ausdruck zu gebrauchen, inclusive der Form der Zeit, sondern sogar die des Selbstbewusstseins, das reine Objectsverhältniss, abziehen. Von einem „unmittelbaren Bewusstwerden des Dinges an sich als Wille kann also keine Rede sein; sehen wir nun einmal zu, was uns denn eigentlich Schopenhauer unter diesem Titel vorsetzt, und damit kommen wir zu unserem zweiten Vorwurf.

So sehr sich der Schöpfer des ersten Systems des Pessimismus eben im Interesse desselben gelegentlich davor verwahrt, dass man in seinem alles schaffenden und beherrschenden Naturwillen eine blosse Abstraction sehe, so sehr er insbesondere seine von Platon übernommenen Ideen im dritten Theil der „Welt als Wille und Vorstellung" gegen das Geschick zu schützen versucht, dass man in ihnen nur Vernunft-Abstractionen, nicht reale Grössen zu erblicken vermeine, so wenig kann man ihn von dem Vorwurf freisprechen, die subjectiven Formen discursiven Denkens unberechtigt als objective Realitäten seinem Weltsystem zu Grunde gelegt zu haben. Dasjenige, was er uns als Inhalt jenes unmittelbaren Bewusstseins vom Ding an sich bietet, ist nämlich in der That nichts als eine seinen Voraussetzungen nicht einmal entsprechende Abstraction. — Im Chemismus und in der Mechanik, im Leben der Pflanze und des Thieres fand Schopenhauer ein aller Bewegung und allem Leben zu Grunde liegendes X; und sein Hauptverdienst ist es, die Identität jener geheimnissvollen Kraft, die bald im anorganischen Leben auf Ursache, bald im vegetativen auf Reize, bald im animalen auf Motive hervortritt, durch seine kühne Hypothese auf das Nachdrücklichste hervorgehoben zu haben; denn es ist in der That nicht einzusehen, warum man diesen drei Unbegreiflichkeiten gegenüber, die sich doch schliesslich auf die Unbegreiflichkeit einer Veränderung überhaupt reduciren, drei Namen, den einer mechanischen, organischen und Lebenskraft, in Anspruch nehmen sollte. Die ganze angebliche intime Bekanntschaft aber mit dieser Kraft, dem Ding an sich, ist eine Illusion; aus der Thatsache vorhandener Bewegung ist mittelst des Causalitätsgesetzes nur der Begriff eines Bewegenden, einer Kraft, oder wie man es nennen wolle, abstrahirt; nur das „Dass," nicht das „Wie" seines Vorhandenseins wird von der Vernunft behauptet. Nun aber legt Schopenhauer einen grossen Werth darauf, dieses X gerade mit dem Namen des „Willens" zu bezeichnen. Ueber seine Berechtigung dazu streiten auf der einen Seite Trendelenburg [*] und Haym, [**] auf der anderen Frauenstädt (a. a. O.). Unserer Meinung nach ist die Controverse nicht viel mehr, als ein Wortstreit. Trendelenburg will das Identische in den drei Objectivationsstufen Schopenhauer's, den Bewegungen auf Ursachen, Reize und Motive mit dem Namen der untersten („Kraft"), Schopenhauer mit dem der obersten Stufe bezeichnen; der Vorgang ist aber sachlich bei beiden derselbe. Ziehe ich von den mir bekannten Naturkräften die verschiedne Art ihrer Wirkung, das „Wie," die ausschliessliche Bewegung unter dem Princip gleicher Gegenwirkung, Gravitation, Cohäsion, chemische Verwandtschaft u. s. w. ab, so erhalte ich genau das, was auch den beiden andern Arten der Bewegung, auf Reize und auf Motive, zu Grunde liegt, nämlich den nackten Begriff einer Kraft, der aber durch diese abstracte Fassung in ein durchaus unanschauliches Nebelbild verflüchtigt ist. Ganz ebenso indess gewinne ich durch successives Fallenlassen aller Bestimmungen des individuellen Willens, als: Bedingtheit durch die Erkenntniss u.a. denselben farblosen Rest, den ich mit demselben Recht als „Kraft im allgemeinen Sinn" der ursächlich bedingten Naturkraft nebst der vegetativen und animalischen Lebenskraft überordnen kann, wie als „Willen im allgemeinen Sinn" dem Natur- und individuellen Willen; ich erhalte zwei gleichwerthige, d. h. gleich inhaltsleere, Begriffe. — Wenn aber Schopenhauer, wie zu vermuthen, eine erhöhte Berechtigung,

---

[*] Logische Untersuchungen. 2. Aufl. II, 107 ff.
[**] Arthur Schopenhauer, Berlin 1864.

jenes X „Willen" zu nennen, daraus herleiten wollte, dass in dem durch Motive bestimmten Willen, die, seiner Ansicht nach, höchste Objectivationsstufe des Willens, die uns überhaupt bekannt sei, erreicht sei, so würde er zuerst die Frage zu beantworten haben, mit welchem Recht gerade diese Stufe des vom Intellect beleuchteten Willens die höchste zu nennen sei — was ihm wohl schwer fallen würde. Denn der äussere Grund, gerade diese, mit dem menschlichen Intellect endigende, Werthscala aufzustellen, ist offenbar nur ein subjectiver; im menschlichen Bewusstsein reflectirt sich natürlich die Willensobjectivation gerade so, dass dies Bewusstsein sich als den Schlussstein des ganzen Weltgebäudes erkennt; seine Berechtigung ist also nur relativ, und ein innerer Grund, so zu classificiren, schwerlich zu finden; ja, wir müssen fragen, in welchem Sinn überhaupt hier von Werthunterschieden die Rede sein kann — doch davon noch später bei der Beurtheilung der Ideenlehre. Vor allen Dingen gilt es, zu constatiren, dass die Benennung des Dinges an sich als Wille in der That keinerlei Fortschritt in der positiven Bestimmung dieses X getroffen hat, der neue Namen giebt uns über die Art seiner Wirksamkeit nicht den geringsten Aufschluss — aus dem einfachen Grunde, weil ein „Wille an sich" genau denselben Werth hat, wie eine „Kraft an sich," nämlich den einer leeren Abstraction.

Nicht ganz zutreffend ist ein weiterer, von Haym besonders gegen das Schopenhauer'sche Ding an sich erhobener Vorwurf, nämlich der, dass Schopenhauer neben der Erkenntnisslosigkeit des Willens dennoch eine immanente Zweckmässigkeit desselben behaupte und also auch hier über die Negation hinaus positive Begriffe in das Ding an sich einführe. Nicht ganz zutreffend, sagen wir, wiewohl auch nicht ohne jeden Grund. So sagt Haym: „Der Wille, von welchem Schoppenhauer redet, ist offenkundig der erkenntnisslose, der Wille vor der Geburt der Vorstellungsformen, unter der Hand dagegen der menschliche, dem der Intellect sehen hilft. Der „blinde Wille" benimmt sich als ein sehender, absichtsvoller; stillschweigend werden ihm Zwecke, und mit den Zwecken Gedanken, wir müssen wohl sagen: ungedachte Gedanken, geliehen. In demselbem Athem wird uns die Zumuthung gemacht, alle Erkenntniss von ihm ausgeschlossen, und dennoch Erkenntniss, weil Absicht, in ihm latent zu denken. In diesem Widerspruch bleibt Schopenhauer mit einer bewunderungswürdig harmlosen Zuversichtlichkeit hängen; in dieser Zuversicht nimmt er keinen Anstand, an und aus der Vorstellungswelt Hergänge zu beweisen, die abgesehen von der Vorstellung, in dem puren Willen, keinerlei Sinn haben." *) — Frauenstädt beruft sich diesem wuchtigen Angriff gegenüber auf die Erscheinung des Instincts, als eines Beispiels zweckmässigen Wirkens ohne Erkenntniss, verhüllt aber dadurch die Sache und den wahren Sinn der Schopenhauer'schen Lehre. „Zwecke" hat Schopenhauer dem Naturwillen wohl nie beigelegt, sonst würde er freilich der Logik des Haym'schen Angriffes erliegen müssen, wohl aber „Zweckmässigkeit." D. h. Die Begriffe einer Absicht, eines Zwecks, Nothwendigkeit, u. a. können ebensowenig dem Willen im Sinne Schopenhauers zugeschrieben werden, wie überhaupt positive Bestimmungen dem Ding an sich. Wenn gleichwohl eine Zweckmässigkeit von diesem Willen behauptet wird, so kann dies nach der von Schopenhauer selbst **) gegebenen Analyse von Kant's „Kritik der teleologischen Urtheilskraft" nichts anderes heissen, als dass das an sich zwecklose Walten des Naturwillens in unserem mit Erkenntniss und Motivation ausgestatteten Bewusstsein sich nur in der Zweckmässigkeitsvorstellung reflectiren kann. Gerade, wie die Formen des Raumes und der Zeit uns an der Erkenntniss des Raum- und Zeitlosen hindern, so hindert das principium agendi, oder Motivationsgesetz, die Auffassung einer unmotivirten Zweckmässigkeit. „Unser Intellect," so lauten Schopenhauers eigene Worte, dem die Dinge von Aussen und mittelbar gegeben werden, der also nie das Innere derselben, wodurch sie entstehen und bestehen, sondern blos

---

*) A. a. O. p. 26.
**) Kritik der Kantischen Philosophie, Op. vol II, p. 631 ff.

ihre Aussenseite erkennt, kann sich eine gewisse, den organischen Naturproducten eigenthümliche Beschaffenheit nicht anders fasslich machen, als durch Analogie, indem er sie vergleicht mit den von Menschen absichtlich gefertigten Werken, deren Beschaffenheit durch einen Zweck und den Begriff von diesem bestimmt wird. Diese Analogie ist hinreichend, die Uebereinstimmung aller ihrer Theile zum Ganzen uns fasslich zu machen und dadurch sogar den Leitfaden zu ihrer Untersuchung abzugeben, aber keineswegs darf sie desshalb zum wirklichen Erklärungsgrund des Ursprungs und Daseins solcher Körper gemacht werden; denn die Nothwendigkeit, sie so zu begreifen, ist subjectiven Ursprungs." — Gerade jener Instinct, den uns Frauenstädt als Beispiel erkenntnissloser Zweckmässigkeit entgegenhält, ist doch offenbar nur der Verlegenheitsausdruck für ein total Unbekanntes, und beweist nichts, als die thatsächliche Forderung des Bewusstseins, alles Leben und Geschehen in der Form der Motivation zu denken, da hier für den bisher noch fehlenden zureichenden Grund der im Thierleben beobachteten zweckmässigen Handlungen selbst mit dem blossen Wort vorlieb genommen wird. Ganz wie der naive Realist für seine objective, im ewigen Raum gegründete Körperwelt eines raumlosen „Schöpfers" derselben benöthigte, so fordert der feinere Realismus, bei der Betrachtung der zweckmässigen Weltorganisation einen zwecksetzenden Intellect — der Fehler aber bleibt so grob, wie zuvor, die subjective Form individueller Auffassung ist als objective Eigenschaft auf ein dahinterstehendes Ding an sich übertragen. Macht nun wirklich Schopenhauer, trotz seiner scharfen Zurückweisung jedes physiko-teleologischen Gottesbeweises, aus dieser auch von uns anerkannten Zweckmässigkeit eine Bestimmung des Willens als Ding an sich, so ist er von dem obigen Fehler nicht ganz freizusprechen, wiewohl vielleicht nur sein Ausdruck ein schiefer ist. Die schlimmen Folgen davon aber zeigen sich schon in Frauenstädt's Ausführungen, der dem zweckmässigen Naturwillen sogar „eine ganz andersartige, höhere, weisere, durchdringendere Erkenntniss, als die uns allein bekannte des animalischen Intellects (Gehirn)" beizulegen nicht Bedenken trägt, ein Verfahren, wobei, wie in dem „Unbewussten" E. v. Hartmann's, offenbar die Negation alles Bekannten wieder zum Range einer positiven Bedingung heraufgeschraubt wird. Die Thatsachen einer anscheinend erkenntnisslosen Zweckmässigkeit, wie sie uns in den organischen Bildungen, der Corporisation, im Instinct, in den Kunsttrieben der Thiere u. A. entgegentreten, sind deshalb keineswegs zu leugnen; nur soll man nicht glauben, wirklich etwas deutlicher gemacht zu haben, wenn man zur Erklärung der Angemessenheit der organischen Bildungen für ihre Zwecke mit Schopenhauer das Paradoxon aufstellt*): eine Endursache sei ein Motiv, welches auf ein Wesen wirke, von dem es nicht erkannt werde, während doch für uns im Motiv Erkanntwerden und Wirken eins sind, oder wenn man an Stelle der „erkenntnisslosen Zweckmässigkeit" „Instinct" oder „Wirkung des Unbewussten" setzt. Für uns ist freilich die Erklärung aus Endursachen oder Zwecken die vollkommenere; sie kann aber immer nur in sehr beschränktem Maass, nämlich in der Erklärung der Handlungen menschlicher oder überhaupt intellectbegabter Wesen auf Wahrscheinlichkeit Anspruch erheben, während wir in der anorganischen und vegetativen Natur fast ausschliesslich auf die wirkenden Ursachen angewiesen sind. Schlimmer aber, als eine, wenn auch nicht ganz vollkommene Erklärung aus diesen, die sich doch auf den breiten Boden des Experiments stützen kann, ist eine mehr oder weniger willkürliche, welche durch eine dem menschlichen Handeln analoge Zweckunterschiebung es unternimmt, die Räthsel der Natur nicht sowohl zu erklären, als geistreich zu umschreiben. Aber freilich, wie blendend ist es nicht, wenn z. B. Frauenstädt unsere Unwissenheit über die Art des Wirkens jenes Naturwillens hypostasirt mit dem pomphaften Namen einer „immanenten Zweckmässigkeit an sich!" Die Sache liegt viel einfacher. Alles was ist, trägt eben in seinem Sein die Assecuranz, wenn ich so sagen soll, auf

---

*) Op. omn. vol. III, c. 26 p. 378,

Zweckmässigkeit bei sich; **zweckmässig** ist, was **existirt** und was **existirt**, ist **zweckmässig**. Natürlich ist dabei Voraussetzung, was wohl heut nach dem allmähligen Schwinden des empörenden Märchens, welches die ganze Welt nur zum Nutzen und Vergnügen des Menschen geschaffen sein lässt, als zugestanden gelten kann, dass jedes Wesen, es sei in unsern Augen so niedrig, wie es wolle, Selbstzweck ist. Ohne dass man sich, etwa nach Art des Empedokles, auf mystische Speculationen über mögliche Weltbildungsversuche einzulassen braucht, kann man doch soviel behaupten, dass eben das Sein, oder doch das Bestehenbleiben, die Probe ist für das, was sich nachher in unserem Intellect als Zweckmässigkeit reflectirt. Aller anthropomorphen Teleologie ist ein für alle Mal die Wurzel abgeschnitten mit der einfachen und täglich für den aufmerksamen Beobachter der Natur bestätigten Bemerkung, dass die „naturgemässe" oder „zweckmässige" Entwicklung ein Specialfall unter Tausenden von Missbildungen, die fast im Augenblick ihres Entstehens auch wieder vergehen, die seltene Ausnahme von der allgemeinen Regel, ist; der Blick, welcher die kolossale Verschwendung, die die Natur mit Lebenskeimen und Individuen treibt, übersieht, müsste nach Maassgabe unseres Intellects nicht Zweckmässigkeit, sondern totale Unzweckmässigkeit constatiren. „Wenn es überhaupt" sagt Schopenhauer einmal, „eine Welt geben soll, wenn ihre Planeten wenigstens so lange, wie der Lichtstrahl eines entlegenen Fixsterns braucht, um zu ihnen zu gelangen, bestehen und nicht, wie Lessing's Sohn, gleich nach der Geburt wieder abfahren sollen — so durfte sie freilich nicht so ungeschickt gezimmert sein, dass schon das Grundgerüst den Einsturz drohte." Die von dem landläufigen Optimismus so gepriesene Zweckmässigkeit geht also auch nach Schopenhauer nur gerade bis zum Bestehenkönnen; eine objective Bestimmung des Dinges an sich oder Naturwillens aber abzugeben, ist auch sie nicht im Stande. Es bleibt in der That also völlig leer, dies Ding an sich, eine Abstraction, der allgemeinste und Grenzbegriff des menschlichen Denkens, und ebenso arm, wie es an positiven Bestimmungen ist, ebenso reich ist es an Bezeichnungen negativer Art, wie Unzeitlichkeit, Unräumlichkeit etc. Selbst Frauenstädt ist genöthigt, die „Relativität" des Begriffes der Unzeitlichkeit anzuerkennen — das heisst aber weiter nichts, als „Freiheit des Seins", „Unzeitlichkeit des Willensactes", „Ursubject" (nachdem Schopenhauer den Satz: kein Subject ohne Object — und vice versa — selbst so energisch betont hat) sind rein negative Grenzbegriffe unseres Denkens. Freilich bildet die Sprache derartige Worte; aber der Denker, der einen positiven Inhalt damit zu verbinden strebt, gleicht, wie Fr. A. Lange*) einmal treffend sagt, dem Fisch, der zwar nur im Wasser schwimmen, aber doch auch mit dem Kopf an die Glaswände seines Gefängnisses stossen kann; so vermögen auch wir nur in den apriorischen Verstandesformen zu denken, wo wir aber aus ihnen hinauswollen, da stossen wir auf diese Grenzbegriffe. Was für den Fisch das Wasser, das ist dem Denker das „Für uns"; das „An sich" die Glaswand. Trotz aller Versuche Schopenhauers bleibt also, wie wir sehen, das Ding an sich Abstraction, das namenlose unbestimmte X, und weder die Bezeichnung als Wille, noch gar als zweckmässiger Wille ohne Erkenntniss, vermag uns darüber hinwegzutäuschen.

Nun soll indess drittens nach Schopenhauer das Selbstbewusstsein der Ort für die Erkenntniss des Dinges an sich sein; prüfen wir also seine Aussagen über dies Bewusstsein, wie sie sich in dem gleichnamigen Abschnitt seiner Abhandlung über die Willensfreiheit finden. Man hat über die Opportunität der von Sch. beliebten Trennung des Bewusstseins in Selbstbewusstsein und Bewusstsein anderer Dinge nicht mit Unrecht Bedenken geäussert, so namentlich Herbart in seiner Recension des Schopenhauer'schen Systems**) und ausführlicher Dr. Gacquoin***). — indess, so richtig es ist, dass

---

*) Geschichte des Materialismus, 2. Aufl. Iserlohn 1877. II. p. 19.
**) Op. omn. ed. Hartenstein, vol. XII, p. 369 ff. Leipz. 1852.
***) Ueber die Freiheit des menschl. Willens. Gymn. Prog. Giessen 1873, p. 14.

eine vollkommene Isolation bei der gegenseitigen Bedingtheit der Theile nicht durchführbar ist, und umgekehrt, dass beide wieder erst durch contrapositio ihren Inhalt gewinnen, so würden wir uns doch diese Hülfsunterscheidung gefallen lassen können, wenn uns Schopenhauer nur deutlich gemacht hätte, wie denn in dem Selbstbewusstsein, das nach seiner Angabe „dunkel ist, wie ein gut geschwärztes Fernrohr" eine klare Erkenntniss, und nun gar die Erkenntniss des Willens als Ding an sich zu Stande kommen kann. Hier indess lässt er uns im Stich; denn im Selbstbewusstsein geht nach der Angabe des sonst gegen Unbegreiflichkeiten so misstrauischen Philosophen, ein . . . Wunder vor, und zwar ein Wunder κατ' ἐξοχήν.*) Der sich im Ich objectivirende Naturwille ist gleichzeitig Subject und Object der Erkenntniss; erkenntnisslos, schafft er sich selbst erst das Organ, mit welchem er sich seiner bewusst werden soll. Er objectivirt sich im Leib, der nichts als die unmittelbarste Erscheinungsform des Naturwillens ist, speciell im Gehirn, so dass jede Willensbewegung auf unbegreifliche Art sogleich Leibesaction ist.**) Nun ist das Bewusstsein aber Gehirnfunction, selbst also auch nur Objectivation des Willens und sein Product; daher kann das Selbstbewusstsein sich offenbar nur des Erscheinungswillens, der jedesmaligen individuellen Willensobjectivation als seines Ich bewusst werden. Gleichwohl führt Schopenhauer mittelst des „Wunders κατ ἐξοχήν" uns als Inhalt des Selbstbewusstseins nicht nur das wollende Subject, sondern den Willen als Ding an sich, abgesehen von seiner Objectivation auf, ohne den Versuch, zu erklären, auf welchem

---

*) Op. omn. vol. III, c. 19 „Ueber den Primat des Willens im Selbstbewusstsein" p. 226 u. ff.

**) Herbart wendet sich a. a. O. auch gegen diese Behauptung und betont, dass häufig, z. B. beim „Betrügenwollen" die Willensaction so wenig Leibesbewegung ist, dass diese vielmehr auf das Aengstlichste vermieden wird. Doch scheint H. hier den Ausdruck „Leibesbewegung" zu eng zu fassen, denn auch Nervenerregung und Gehirnfunction, die doch auch beim Betrügenwollen, wie bei jeder seelischen Thätigkeit Platz greifen, sind „Leibesbewegungen" im Sinne Schopenhauers.

Wege es die Schranken individueller Gebundenheit überschreiten und den weiten Gesichtspunkt des über alle Erscheinung erhabenen Willens einnehmen könne. So stehen wir am Ende wieder vor jener Anerkennung der Unbegreiflichkeit eines Vorgangs, der der Wissenschaft ein Ende macht; anstatt eines Beweises haben wir nur die Behauptung einer mystischen, unbegreiflichen und unmittelbaren Bekanntschaft mit dem Ding an sich vor uns.

Vielleicht aber ist das Selbstbewusstsein, das unserem „metaphysischen Bedürfniss" nicht abhelfen konnte, im Stande uns die Freiheit des individuellen Willens zu bezeugen? Damit kommen wir nun auf die speciellere Theorie Schopenhauer's. Die dänische wissenschaftliche Akademie hatte so gefragt — und Schopenhauer antwortet in den drei ersten Vierteln seiner Preisschrift mit einem entschiedenen: Nein, und überrascht uns im letzten Viertel seiner Arbeit mit einem ebenso entschiedenen: Ja. Zunächst erfahren wir den weiteren Inhalt des Selbstbewusstseins; nämlich das Bewusstsein der „physischen Freiheit": „ich kann thun, was ich will," was in Schopenhauer's Sprache nur die Umschreibung jenes unbegreiflichen Actes ist, nach dem jede Willensregung auch Leibesaction ist. Warum und wie man aber wolle, darüber ertheilt es keine Auskunft, sondern bleibt starrköpfig stehen auf den tautologischen Satz: was ich will, dass will ich, und ferner: was ich will, das kann ich thun. Ein vollkommenes Urtheil, wie Gacquoin richtig hervorhebt, das hier diesem „dunkeln" Selbstbewusstsein zugeschrieben wird! Wir erfahren aber später immer noch mehr von dem Inhalt desselben, eben in jenem letzten Abschnitt. Nachdem Schopenhauer an der Hand des Kantischen Idealismus und mittelst der Apriorität des Causalitätsgesetzes der Freiheit jede Hoffnung vernichtet, in dem Bewusstsein anderer Dinge, oder der Erscheinung, aufzutreten, entrückt er dieselbe bekanntlich in die intelligible Welt — aus dem empirischen Begriff wird ein metaphysisches Postulat. Die Veranlassung dazu aber gibt ihm, wie er dies auch in der Schrift „über die Grundlage der

Moral" *) anerkennt, die angebliche Thatsache des **Verantwortlichkeitsbewusstseins**. „Es bleibt wahr," bemerkt Schopenhauer, „dass unsere Handlungen von einem Bewusstsein der Eigenmächtigkeit und Ursprünglichkeit begleitet sind, vermöge dessen wir sie als unser Werk erkennen, und Jeder mit untrüglicher Gewissheit sich als den wirklichen Thäter seiner Thaten, und für dieselben moralisch verantwortlich fühlt. Da nun aber die Verantwortlichkeit eine Möglichkeit, anders gehandelt zu haben, mithin Freiheit, auf irgend eine Weise voraussetzt, so liegt im Bewusstsein der Verantwortlichkeit mittelbar auch das der Freiheit." Also die Verantwortlichkeit ist anerkannte Bewusstseinsthatsache. Welches Bewusstseins? In dem Bewusstsein anderer Dinge kann sie nicht wohl liegen, da in demselben das Ich nur als erkennendes Subject, um so zu sagen: als Brennpunkt der Gehirnfunction gegenüber den Objecten der Erscheinung enthalten ist, und kein Datum über das Ich selbst sich vorfindet. Also gewinnt unser Selbstbewusstsein doch noch auch dies Verantwortlichkeitsgefühl zum Inhalt? Schopenhauer kann sich dieser Consequenz nicht entziehen, nachdem er einmal den verhängnissvollen Schritt gethan, das Verantwortlichkeitsbewusstsein pure anzuerkennen. Nun ist kein Halten mehr; Verantwortlichkeit ist das Bewusstsein der Möglichkeit anders gehandelt zu haben, mithin, wenn schon alles Handeln nach unserem Philosophen nur in Erscheinung tretender Wille ist, der Möglichkeit, anders gewollt zu haben. So läge also im Selbstbewusstsein, dass doch nur sagen soll: was ich will, das will ich, dennoch das Bewusstsein: ich hätte aber anders wollen können? Was ist dies denn anders, als das Bewusstsein nicht der physischen, sondern der moralischen Freiheit? Aber freilich, gerettet muss die Freiheit doch werden à tout prix und wäre es auch nur eine „intelligible Freiheit" auf Kosten früherer Behauptungen und der nüchternen Logik. Wir kommen auf das Verantwortlichkeitsbewusstsein noch einmal zurück; untersuchen wir jetzt einmal

---

*) Op. omn. vol. IV, §, 10. p. 175.

die „intelligible Freiheit," die uns der eigenthümlichen Ideenlehre unseres Philosophen näher bringen wird.

Wir rufen uns die Definition Schopenhauers von Freiheit überhaupt in das Gedächtniss zurück; danach ist sie ein negativer Begriff, nämlich bedeutet nur die Abwesenheit irgend welcher Schranken, materieller, intellectueller und moralischer, eine Unterscheidung, worauf er seine Eintheilung der Freiheit in physische, intellectuelle und moralische Freiheit gründete. Welche Art Schranken, so fragen wir, wird indess nun durch die intelligible Freiheit negirt? Die intelligible Welt ist die Welt des Dinges an sich; selbstverständlich können weder materielle Hindernisse des Willens, noch intellectuelle existiren, da ja nichts in dieser Welt ist, als der grosse Urwille, der noch nicht einmal einen Intellect erzeugt hat. Moralische Hindernisse aber könnten nur in dem Vorhandensein irgend welcher mit Nothwendigkeit auftretender Motive liegen — doch auch die Motivation des Willens ist *) eine Darstellung des Satzes vom Grunde, der ja aber an das Ding an sich nicht heranreicht. Nun muss man fragen: Hat es einen Sinn, von Freiheit, also Abwesenheit aller Schranken, zu sprechen in einem Gebiet, wo Schranken gar nicht einmal denkbar sind? Hat eine Negation ohne ein positives, das zu negiren wäre, irgend welche Bedeutung? Gewiss nicht. Wenn nun aber Schopenhauer auch vermuthlich selbst zugeben würde, dass die Freiheit vom Ding an sich nur prädicirt werden könne im Hinblick auf die Erscheinungswelt, als welche das grade Widerspiel derselben sei, so lässt er sich leider weiterhin obendrein verleiten, diesem rein negativen Grenzbegriff doch positiven Gehalt geben zu wollen, einmal mit der Behauptung, dass diese in der unnahbaren Eisregion des „An sich" thronende Freiheit dennoch auch in einem Fall in die Erscheinung treten könne, andererseits durch die Lehre vom intelligiblen Charakter.

In seiner deductiven Ableitung der intelligiblen Freiheit aus dem Zusammenhang seines Systems, die er gleich-

---
*) Ueber die 4fache Wurzel ... etc. Op. omn. Vol. I, p. 145.

berechtigt neben die inductive Erörterung in seiner Preisschrift stellt, sehen wir jene intelligible Freiheit ihr receptaculum verlassen und in die Vorstellungswelt herabsteigen. „Am Ende unserer Betrachtung" *) so sagt er, „wird sich ergeben, dass durch dieselbe Erkenntniss (nämlich die Erkenntniss vom Wesen der Welt als Wille), indem der Wille sie auf sich selbst bezieht, eine Aufhebung und Selbstverneinung desselben in seiner vollkommensten Erscheinung möglich ist; so dass die Freiheit, welche sonst als nur dem Ding an sich zukommend, nie in der Erscheinung sich zeigen kann, in solchem Fall auch in dieser hervortritt und, indem sie das der Erscheinung zu Grunde liegende Wesen aufhebt, während diese selbst in der Zeit noch fortdauert, einen Widerspruch der Erscheinung mit sich selbst hervorbringt." Man denke: jene Freiheit, der contradictorische Gegensatz der Nothwendigkeit, das hypostatisirte Nichtsein aller Hindernisse, der abstracte Grenzbegriff — tritt freiwillig in die Erscheinungswelt, wo die Causalität ihr unentrinnbares Scepter schwingt, und macht nun mit einem Schlage dieser Herrschaft ein Ende. Wer sieht nicht, dass hier im Handumdrehen aus dem negativen Begriff eine starke positive Kraft geworden ist! Der mit intelligibler Freiheit begabte Wille im Reiche der Nothwendigkeit, ein in die Erscheinung tretendes Ding an sich — welche contradictio in adjecto! Und nun sehe man die Ausführung dieses unvollziehbaren Gedankens! Der im Quietismus, wie Schopenhauer die Krönung seines Systems bezeichnet hat, sich widersprochen habende Wille ist offenbar genöthigt, sich plötzlich zu theilen, denn, wir erfahren ja, die Erscheinung dauert nichts desto weniger, trotz aller Willensumkehr, in der Zeit fort. Wer in aller Welt, welches Ding an sich, steckt denn nun noch hinter den Willensacten des lebenden Körpers, von den rein vegetativen Functionen an bis zu den animalischen, den Verstandes- und Vernunftacten, bei einem solchen aus der „Sansara" in die „Nirwana" Entflohenen? ist ja doch selbst der sündige Geschlechtstrieb, der

---

*) Op. omn. vol. II, p. 339 ff.

stärkste Repräsentant der Bejahung des Lebens, trotz der gründlichen Desavouirung, die ihm der sich selbst verneinende Wille hat zu Theil werden lassen, noch nicht beruhigt, da uns Schopenhauer belehrt, dass die Verneinung des Wollens nicht etwa eine sofortige — sagen wir — Wiedergeburt des ganzen Menschen, sondern ein erst mit dem Leben schliessender Kampfprocess mit den noch immer starken Angriffen des das Leben bejahenden Willens ist.*) Die Consequenz dieses Systems hätte seinen Autor, wenn er wirklich etwas von der starren Hartnäckigkeit der orientalischen Asketen und indischen Büsser besessen hätte, unfehlbar zur Wahl des freiwilligen Hungertodes führen müssen, den er bei seiner scharfen Polemik gegen die Berechtigung — oder vielmehr gegen die Opportunität — des Selbstmordes ausdrücklich von allen andern Arten, bei denen die schnellere Todesart schon ein Element von Willensbejahung, weil Furcht vor Schmerz enthält, unterscheidet,**) ohne indess den Gedanken weiter zu verfolgen. Die erste und einzige Anstrengung der „intelligiblen Freiheit," eine positive Grösse zu werden durch die Verneinung des Willens zum Leben, muss als misslungen bezeichnet werden.

Die Grundlage indessen, auf welcher es unserem Philosophen möglich ward, seine intelligible Freiheit als positive Grösse einzuschwärzen, ist seine Lehre vom „intelligiblen Character." Offenbar deckt sich dieser Begriff mit dem der „platonischen Idee" des Menschen, den er in seinem Hauptwerk, Buch III, gründlich erläutert hat. Wie nämlich alle Species dieser Welt, sie mögen nun der organischen oder anorganischen Natur angehören, nur Objectivationen ein und desselben Willens, des „Dinges an sich," sind, so liegt ihnen auch allen eine besondere Gestalt der Willensobjectivirung als Urbild und Vorbild zu Grunde, die platonische Idee der Species, welche in der unendlichen Reihe ihrer Individuen nur successiv zur Erscheinung kommt, von dem seiner Indi-

---

*) Op. omn. vol. II, §. 68 p. 116 ff. p. 162.
**) Op. omn. vol. II, §. 69, p. 171.

vidualität sich auf Momente entäussernden Genie aber auch in Augenblicken künstlischer Extase geschaut werden kann. Die Objectivation des Willens stellt sich also der wissenschaftlich-nüchternen Betrachtung stufenmässig dar, und erst die gesammte Welt der Ideen ist seine adäquate Objectivation. So hat nun auch „Homo sapiens L." nach Schopenhauer eine Idee zum Urbild, hier aber geht er noch weiter. Während die anorganische, vegetative und schlechthin animale Natur sich mit einer Idee der Species begnügen muss, da hier angeblich das Individuum ganz in der Gattung aufgeht, ist der Mensch weniger bescheiden, sondern fordert pro Kopf auch seine eigenthümliche Idee, den intelligiblen Charakter.*) Diese Forderung wird begründet durch die im Menschen ganz besonders hervortretende starke Individuation die sich in seiner Corporisation, z. B, in der starken Furchung seines Gehirns, in der überaus scrupulösen Auswahl in der Befriedigung des Geschlechtstriebes**) u. a. ausspricht. — Abgesehen nun von den neueren Untersuchungen, die den Glauben an eine unfehlbare abgeschlossene Species, welcher die Voraussetzung der Ideenlehre ist, sehr erschüttert haben, abgesehen auch ferner von der Erwägung, dass die individuelle scharfe Bestimmtheit naturgemäss dem Menschen nur wieder am Menschen völlig deutlich werden kann, und dass wir nicht berechtigt sind, den übrigen Naturwesen, die wir mit speciesfremden (wenn der Ausdruck erlaubt ist) Augen ansehen, jene strenge Individuation schlankweg abzusprechen — so unterliegt doch überhaupt die ganze Ideenlehre Schopenhauer's einem schwerwiegenden Bedenken. Geben wir ihm auch einmal jenes unmittelbare Bewusstwerden des eignen Willens als Ding an sich und den darauf gebauten Analogieschluss, dass das Wesen aller erscheinenden Objecte in Willen besteht, zu, so frägt sich doch sehr, ob wir mit der Aufstellung von Ideen nicht schon über die Bewusstseins-

---

*) Op. omn. vol. II, §. 26. p. 156 ff.

**) Op. omn. vol. III, c. 44. über die Metaphysik der Geschlechtsliebe.

thatsache hinausgegangen sind und die Erkenntnissformen der Erscheinungswelt fälschlich auf das Ding an sich angewandt haben. Denn wie sollen wir uns die Stufenfolge der Ideen denkbar machen? Da die Ideen der intelligiblen Welt angehören sollen,*), so ist eine zeitliche oder räumliche selbstverständlich ausgeschlossen. Wenn wir aber Schopenhauer häufig die anorganische Natur als „niedrigste Objectivation" bezeichnen hören, so kann man nicht gut an etwas anderes denken, als an eine Stufenfolge des Ranges oder der subjectiven Werthschätzung. Dass aber dieser durchaus subjective und variable Factor unmöglich in die intelligible Welt hineingetragen werden kann, ist theils schon erwähnt, theils wird es weiter unten noch einer ausführlicheren Erörterung unterliegen. Nun soll einmal der Wille als Ding an sich, wie in jedem individuellen menschlichen Bewusstsein, so auch in jeder Idee voll und ganz enthalten sein, während die jedesmalige Gestalt von Individuum oder Species nur der Erscheinung, also unserer Vorstellung, angehört — und doch objectivirt sich der Wille vollständig und seinem Wesen adäquat nur in der ganzen Reihe der Ideen. Welcher Welt gehören denn nun eigentlich die Ideen an, der Erscheinungswelt, oder der des Dinges an sich? Schopenhauer behauptet das Letztere. Dann aber ist durchaus nicht einzusehen, woher eine Vielheit, als welche nur durch das principium individuationis, Raum und Zeit, möglich wird, eine Bestimmtheit, überhaupt eine Abgrenzung der Ideen von einander möglich werden sollte. Entweder ist die Idee allemal das ganze Ding an sich, der ganze Wille — und dann ist sie als ein Synonymon desselben ohne allen praktischen Werth — oder sie ist Erscheinung, und musste dann in Raum und Zeit nachweisbar sein — oder endlich sie ist Abstraction der Vernunft; dies aber weist Schopenhauer entschieden zurück durch die von ihm gemachte scharfe Unterscheidung**) des Vernunftbegriffs, welcher auf der Anschauung der Vorstellungswelt ruhe, und

---

*) Op. om. vol. III, c. 29. p. 116. 117.
**) Op. omn. Vol. II, §. 49; vgl. a. III, c. 29. p. 118.

der Idee, welche höchstens, gleichsam als Gnadengeschenk der Natur, aber auch nur auf Augenblicke höchster Selbstentäusserung dem Genie sichtbar wird. Die eigene Definition, die uns Schopenhauer von der Idee gibt, nämlich: „eine anschauliche, bestimmte und feste Stufe der Objectivation des Willens, sofern er Ding an sich ist" enthält in der Forderung der Anschaulichkeit, der Bestimmtheit, und der Bezeichnung als Stufe Elemente aus der Erscheinungswelt, die mit dem Zusatz: „sofern er Ding an sich ist" auf's Schärfste contrastiren.

Von diesem Vorwurf wird denn nun zunächst auch unser „intelligibler Charakter" getroffen; wir müssen ihn uns indess auch sonst noch näher ansehen. Er ist also der πρωτότυπος einer unendlichen Reihe von ἔκτυποι, die von ihm nach Massgabe der Verhältnisse möglich sind; und jeder in der Succession der Acte eines Lebens sich darstellende empirische Charakter ist nur der Abdruck eines solchen intelligiblen Charakters. Dieser nun soll der Träger der Verantwortlichkeit, mithin der Freiheit, sein; denn diese ist, wie Schopenhauer nicht oft genug betonen kann, aus dem „Operari", dem Thun, in das „Esse", das Sein, gewiesen. Das Verantwortlichkeitsbewusstsein sagt also jetzt nicht mehr: ich hätte anders handeln können, sondern: ich hätte anders sein können; die Schuld, wie das Verdienst, liegt nur im Sein (ich brauche die eignen Worte unseres Philosophen.) — Hatten wir vorhin schon den Ort für dies Bewusstsein, in Schopenhauer's System wenigstens, nicht finden können, so müssen wir hier seinen Inhalt verurtheilen. Der Wille sagt in diesem Bewusstsein zu sich selbst: ich hätte anders sein, d. h. anders wollen können. Anders — als? Nun doch wohl als die Erfahrung mir im empirischen Charakter das Bild meines intelligiblen Charakters zeigt. Wie ist denn nun aber der intelligible Charakter? Wenn ich jenes s. g. Bewusstsein der Verantwortlichkeit haben soll, doch wohl gut oder schlecht, sittlich oder unsittlich! Wie aber, reichen denn die Begriffe sittlich und unsittlich in die Sphäre des Dinges an sich hinein? Was ist denn dann ihr realer Gehalt? Wir denken, eine philosophische Ethik müsste sich zu allererst die Frage vorlegen: giebt es überhaupt ein „An sich Sittliches oder Unsittliches", giebt es schlechthin allgemeine und nothwendige moralische Werthe, die mit derselben Consequenz, wie ein Naturgesetz, jeden Menschen ohne Ausnahme mit ihrem kategorischen Imperativ verpflichten? Schopenhauer hat selbst mit gewohnter scharfer Kritik den Anspruch Kant's auf die Apriorität seines kategorischen Imperativs zurückgewiesen, und denselben als einen hypothetischen enthüllt*), hier aber übernimmt er mit naiver Harmlosigkeit die landläufigen Schulbegriffe sittlich und unsittlich in seinen Moralcodex.**) Obendrein ist ihm damit gar nicht geholfen, denn auch jetzt würde Schopenhauer's Wille im intelligiblen Charakter wieder vor dem Schwarz und Weiss, vor Sittlich und Unsittlich stehen und wählen müssen, wenn er später das Bewusstsein der Verantwortlichkeit haben soll, und, da die libertas aequilibrii von unsern Philosophen endgültig beseitigt ist, wieder in irgend einer Weise motivirt, d. h. für das Sittliche oder Unsittliche von Natur disponirt sein müssen. Die ganze Schwierigkeit, der wir entgehen wollten, ist von Neuem wieder in der intelligiblen Welt auferstanden, und man fragt vergeblich nach dem Grund, weshalb sich dieser intelligible Charakter so, jener so objectivirt habe; kurz die intelligible grundlose Freiheit ist in den schönsten Fatalismus umgeschlagen. Zudem ist die Voraussetzung eines Verantwortlichkeitsbewusstseins abhängig von der Identität des individuellen Willens mit dem intelligiblen Charakterwillen. Mit Recht fordert Liebmann***) als Bedingung für jede Art der Verantwortlichkeit die Identität des Angeklagten mit dem Thäter, und vermisst diese bei Schopenhauer, weil der Thäter, der intelligible Charakterwille, nicht gleich dem Angeklagten,

---

*) Op. omn. vol. IV, „über die Grundlage der Moral. § 4, p. 120 ff. vgl. a. § 22 p. 264 ff.

**) Op. omn. vol. IV, a. a. O. p. 116.

***) „Ueber den individuellen Beweis für die Freiheit des Willens." Stuttgart 1866. p. 70 ff.

dem individuellen Willen, sei. Das, was Frauenstädt*) dagegen sagt, ist nicht geeignet, uns zu einem milderen Urtheil zu stimmen. Gewiss enthält, worauf er besonderen Werth zu legen scheint, die im Esse liegende Verantwortlichkeit implicite auch die für das Operari, denn dies ist nur die in der Zeit sich auseinanderlegende Gestalt des Esse, da aber Frauenstädt selbst zugesteht, „dass ein Standpunkt, der das Individuum ganz und gar nur für ein Product von ausserhalb seiner liegenden Ursachen hält, diese Freiheit leugnen müsse," so musste er uns zeigen, inwiefern der individuelle Wille bei der Genesis des intelligiblen Charakters betheiligt ist, denn eben die einfache Behauptung der Identität jedes Ich's mit dem Naturwillen, dem Ding an sich, ist, wie wir oben weitläufig erörtert, nicht probehaltig. Dem Satz, den Schopenhauer bei seiner Leugnung der Freiheit in der Erscheinungswelt, aufstellt: „was geschehen ist, hätte nicht anders geschehen können," müssen wir den andern entgegenhalten: was ist, hätte nicht anders sein können;" denn schon dies hypothetische „hätte" führt uns auf die Frage nach der Bedingung, unter welcher es anders sein konnte, d h. nach einer Ursache oder einem Motiv; mit der Frage nach diesem ist aber die Freiheit verdrängt. — Schopenhauer wollte sich selbst entrinnen, wollte sich vom eignen Denkvermögen losmachen, als er die Freiheit in die intelligible Welt versetzte — es war vorauszusehen, dass der Versuch fehlschlug. —

Ehe wir nun nach diesen allgemeineren Betrachtungen, welche uns die Mängel des der Lehre von der Willensfreiheit zu Grunde liegenden Systems und die logische Undenkbarkeit einer intelligiblen Freiheit aufgedeckt haben, zu der Beantwortung der Frage übergehen, ob die von Schopenhauer selbst anerkannten Thatsachen des Bewusstsein sich durch Leugnung einer empirischen und Behauptung einer intelligiblen Freiheit erklären lassen, müssen wir, getreu dem am Eingang unserer Kritik aufgestellten Prinzip, unser Augenmerk kurz darauf richten, aus welchem Grunde wohl unser sonst so

---

*) „Unsere Zeit" Leipzig 1869. V, 2 p. 686 ff.

klarer Philosoph, der in allen Detailfragen eine musterhafte Schärfe des Urtheils zeigt, in den Prinzipienfragen seines Systems dieselbe vermissen lässt. Den Fingerzeig dazu giebt uns wieder sein Vertheidiger, Frauenstädt, der allen Einwürfen seiner Gegner einen trefflichen Schild entgegenzuhalten weiss, nämlich die Unterscheidung von Relativität und Absolutheit. — Wenn Schopenhauer zwar die durchgängige **Abhängigkeit** des Erkennens vom Wollen behauptet, andererseits aber ein **willenloses** Erkennen im aesthetischen Genuss bestehen lässt — wenn er den Willen zum **Prinzip** alles Geschehens macht, andererseits aber einer Selbstverneinung des Willens (wobei offenbar eine Art des Willens, also ein Geschehen, sich **losreisst** aus der durchgängigen nothwendigen Bedingtheit durch sein Prinzip und sich feindlich gegen dies kehrt,) das Wort redet — wenn er die Individuation das einemal zur **Mutter** der Erkenntniss macht (indem erst die Vielheit der Individuen einen Intellect für den Kampf um's Dasein fordert), andererseits die Vielheit erst als Folge der apriorischen Formen des Intellects hinstellt — wenn er die Ideen raum- und zeitlos schildert, dann aber wiederum von einer anschaulichen, bestimmten **Stufenfolge** der Ideen spricht, u. ä. dann erfahren wir bei unserer Verwunderung über die Möglichkeit einer Harmonie unter solchen Widersprüchen theils durch ihn selbst, theils durch Frauenstädt, dass: erstens jene Willenlosigkeit des aesthetischen Erkennens eine **relative** ist, dass zweitens jene unbedingte oder absolute Herrschaft des Willens über alles Geschehen im Grunde doch nur **relativ** ist, dass ferner die Idealität der Vielheit in Raum und Zeit nur eine **relative** ist, insofern ihr eine reale Vielheit zur Seite steht, dass endlich auch die Raum- und Zeitlosigkeit der Ideen **relativ** gemeint ist. Wie Schade! Wir glaubten nun schon soviel erfahren zu haben, über das, was die Welt an sich sei — aber unbarmherzig wird uns mit der Linken wieder genommen, was die Rechte gegeben hatte. Wenn sich zwei Menschen darüber stritten, ob ein Ding weiss oder schwarz sei, welchen Dank meint man wohl, würden sie dem klugen Vermittler zollen, der an sie heranträte und sagte: „Lieben Leute, ihr irrt beide; du hast Unrecht, denn das Ding ist in der That nicht absolut schwarz, sondern nur relativ schwarz, sofern es nämlich nicht weiss ist und auch Du hast Unrecht, denn auch absolut weiss kann ich's nicht finden, höchstens relativ weiss, sofern es nämlich nicht schwarz ist." Man verzeihe uns das vulgäre Bild, es schildert aber vortrefflich den Streit zwischen Realismus und Idealismus; entweder existirt die Welt wirklich so, wie sie uns in der Vielheit der Objecte erscheint, oder es giebt nur das Ich, das in seinem Bewusstsein die ganze Welt erzeugt und beherbergt. Nun kommt Schopenhauer und sagt die Welt sei real-ideal, Wille und Vorstellung, d. h. nicht absolut real und nicht absolut ideal; zwei Negationen aber zusammengeschmiedet geben noch lange keine Position; eine solche aber hatte uns der Philosoph versprochen, da er gerade darauf stets Werth legt, dass sein System uns nur das „Was" der Welt, nicht etwa ihr „Warum" oder „Wodurch" aufzeige; in der That hat er uns nur gesagt, was sie nicht ist. Macht er auch bisweilen vom Kantischen Idealismus aus einen Anlauf, streng consequent zu werden und mit dem „theoretischen Egoismus" der nichts als das Ich als real gelten lässt, zu endigen, so verfällt er doch immer wieder durch den Analogieschluss, dass alle Vorstellungen, ebenso wie die des eignen Körpers, ebenfalls Objectivation des Dinges an sich sind, in den krassesten Realismus. Er zieht dadurch der ganzen Argumentation gegen die empirische Freiheit, die sich ja nur auf den subjectiven Ursprung der Erscheinung und auf die subjective Form der Vorstellung in Zeit, Raum und Causalität stützt, den Boden unter den Füssen weg, da dann in der That die Behauptung aufgestellt werden könnte, so ungeheuerlich sie auf den ersten Blick auch aussieht, dass in der realen Welt eine unbedingte Freiheit herrschte, von der wir nur deshalb keine Kunde haben, weil unser Verstand nur Nothwendigkeitsbeziehungen aufzufassen fähig ist. Seine wohlwollende Betrachtung*) des Spiritismus, Geistersehens, und

---

*) Op. omn. vol. V, „Parerga" p. 241 ff.

aller Art von Magie lässt diesen Gedanken als nicht gar weit abliegend erscheinen. Hier ist der Grundfehler seiner ganzen Lebensanschauung; dieser nicht überwundene, sondern nur verschleierte Widerspruch zog mit magischer Kraft alle anderen Halbheiten und Widersprüche nach sich. Und es ist derselbe Streitpunkt, der heute noch die Philosophie theils in das Kantische Lager, theils in den naiven Realismus der materialistischen Naturphilosophie hineintreibt. —

Wir wenden uns nun zu der Frage, ob die von Schopenhauer selbst leider unbesehen aus der schulmässigen theologischen Ethik herübergenommenen Bewusstseinsthatsachen, welche bisher stets für die Freiheit des Willens angerufen wurden, in seinem System eine Stelle finden und erklärt sind. Da stossen wir zunächst wieder auf das Bewusstsein der **Verantwortlichkeit**, und, obwohl schon oben gezeigt worden, dass für dies Bewusstsein weder Ort noch Inhalt in dem Zusammenhang der Schopenhauer'schen Deduction aufzufinden ist, so müssen wir doch hier noch einmal kurz darauf zurückkommen. Die Annahme eines fix und fertig im Menschen liegenden Verantwortlichkeitsbewusstseins ist eine zweischneidige Waffe, sowohl für den Deterministen, wie für den Indeterministen. Das einfache Gefühl „Thäter seiner Thaten zu sein", wie Schopenhauer will, kann nicht wohl sein einziger Inhalt sein, denn von jedem nicht geradezu der Herrschaft seines Verstandes beraubten Menschen nehmen wir an, dass er als selbstbewusstes Ich handle und genau wisse, ob dieser Handelnde oder Gehandelthabende er selbst sei oder nicht sei, ohne dass er dazu eines besonderen Verantwortlichkeitsbewusstseins bedürfte; es liegt mehr darin, nämlich das, was das Verantwortlichkeitsbewusstsein zur Hauptstütze der Sittlichkeit macht — das Gefühl einer Unfreiheit, einer Gebundenheit an irgend eine sittliche Norm. Wenn der Indeterminist den Satz aufstellt: „ich muss frei sein, weil sonst, bei einer Bedingtheit meines Handelns nicht durch mich allein, die Idee der Verantwortlichkeit keinen Sinn mehr haben würde, so mag er wohl die s. g. moralische Freiheit des Theologen, d. h. die allgemeine Gebundenheit unter ein einziges und allgemeines Sittengesetz, damit schützen, nimmer aber die philosophische Frage erledigen, ja auch nur anrühren. Diese weiss nichts von gutem oder bösem Willen, von servum oder liberum arbitrium des Unerlösten oder Erlösten, sie fragt ganz kalt und uninteressirt: Bedingen die Motive den Willen mit eiserner Nothwendigkeit, oder wirkt noch ein Anderes mit? Mit andern Worten: was ist Wille und was ist Charakter, eigene Kräfte, oder Resultanten aus dem Zusammenwirken äusserer Ursachen? Darüber aber meldet uns das Verantwortlichkeitsgefühl ebensowenig etwas, wie überhaupt Gefühle über rein empirisch zu lösende Fragen der Wissenschaft etwas sagen. Wenn aber andererseits der Determinist die Verantwortlichkeit unbekümmert in sein System aufnimmt, so hat er in dem schon an eine sittliche Norm gebundenen Willen sich selbst den Zugang zu einer unbefangenen Untersuchung über das, was Willen ist, versperrt und macht sich einer surreptio elenchi schuldig. Liebmann definirt a. a. O. im Gegensatz zu Schopenhauer viel richtiger dass Bewusstsein der Verantwortlichkeit, so wie es in der That von aller Welt gefasst wird, als „das Bewusstsein, auch für unentdeckte Sünden, oder die vom weltlichen Richter nicht gestraft werden, einstehen zu müssen und eigentlich gestraft werden zu sollen." Da haben wir Sünde, überweltlichen Richter (schon der Name „Verantwortung" deutet verständlich genug auf einen Fragenden, dem Antwort zu geben ist, hin) Straffälligkeit und kategorisches Soll mit einem Schlage; es ist offenbar einfach vorausgesetzt, was sich erst durch eine scharfe psychologische Untersuchung als berechtigt erweisen musste. So hatte auch Kant, ausgehend von der angeblichen Bewusstseinsthatsache der Vorstellung eines Sollens die Selbstbestimmung als eine nothwendige Voraussetzung dieser Bewusstseinsthatsache gefordert; die Willensfreiheit wurde ihm auf diesem Wege, obwohl unbeweisbar, ein Postulat der praktischen Vernunft. Es ist überaus interessant, die Polemik Schopenhauer's gegen dies Verfahren, das er im Grunde genau ebenso mit Hülfe des Verantwortlichkeitsbewusstseins anstatt der Sollvorstellung einschlug, zu vergleichen.*) Die selbstverständliche Annahme sittlicher Gesetze, so deducirt er, d. h. eines Sollens und einer Pflicht ist das $\pi\varrho\tilde{\omega}\tau o\nu\ \psi\varepsilon\tilde{v}\delta o\varsigma$ Kant's; die Philosophie soll nur das Gegebene, das wirklich Seiende erklären, musste also die Prüfung der Existenz solcher sittlichen Gesetze vor allen Dingen unternehmen. Das einzige Gesetz, für den menschlichen Willen aber, das wir kennen, sei das der Causalität in der Form der Motivation; ein kategorisches Sollen sei ein Unding, jedes Sollen nur hypothetisch, d. h. bedingt durch Strafe und Belohnung. — Wie Keulenschläge fallen seine eigenen Worte auf jenes landläufig aus der Theologie übernommene Verantwortlichkeitsbewusstsein, eine Pandorabüchse, die in ihrem Innern die Behauptung eines allgemeinen Sittengesetzes, eines an sich Guten und Bösen, eines überirdischen Gottes mit Strafe und Belohnung in der Hand, trägt. Wollte Schopenhauer aber ein Verantwortlichkeitsbewusstsein nur nach Maassgabe der jeweiligen sittlichen Erkenntniss annehmen, also die Existenz allgemeiner nothwendiger sittlicher Gesetze leugnen, so verwandelt er die Sittlichkeit in Erkenntniss, ein Vorwurf, den er zwar gelegentlich**) energisch zurückzuweisen bemüht ist, dem er aber auch im weiteren Verlauf seines Ideenganges nicht zu entrinnen vermag (wenn es nämlich ein Vorwurf ist, wie er allerdings mit dem meisten Ethikern annahm), wie wir gleich in seiner Behandlung der Reue als Bewusstseinsthatsache sehen. Diese nämlich ist ihm kein Affect des Willens, keine Aenderung des Charakters, dessen Constanz er ja im Gegentheil behauptet, sondern eine Aenderung der Erkenntniss. Wenn also Jean Jacques Rousseau — ein Beispiel, auf welches er selbst provocirt, nach seinem Geständniss in den „Confessions" in seinem Alter von der Reue über die Verläumdung der Marion in seinen Kinderjahren, die er des von ihm selbst verübten Diebstahls ruhig bezichtigen liess, tief und schmerzlich ergriffen wurde, so soll er erst jetzt die nöthige sittliche

---

*) Op. omn. vol. IV, über die Grundlage der Moral. § 4.
**) Op. omn. vol. IV, Grundl. der Moral, § 20. „Die Tugend ist nicht lehrbar.

Erkenntniss von der Unsittlichkeit seiner Handlungsweise gewonnen haben und im Moment der That nicht? Das ist allerdings schwer glaublich; der Mangel an Erkenntniss konnte auch später nicht Object der Reue werden, wohl aber konnte der später von dem damals stärksten Motiv, der Furcht vor Strafe, frei gewordene Wille ungehindert dem in der Erkenntniss der Unsittlichkeit der Verleumdung liegenden Motiv Raum geben und die damalige falsche Handlungsweise bedauern. Ja noch mehr, das ganze Grundprincip der Ethik Schopenhauer's, das Mitleid, ist ja weiter nichts als ein Produkt der Erkenntniss*), es entspringt aus dem „Zerreissen des Schleiers der Maja", d. h. aus der das Subject durchdringenden Erkenntniss von der wesentlichen Identität (wofür die Formel im Sanskrit: „tat twam asi" „das bist Du") aller Erscheinungen der realen Welt. Was bedürfen wir weiter Zeugniss? — Eng zusammen hängt damit die Behauptung der Constanz und Angeborenheit des Charakters. Nicht der Charakter, die ein und für alle Mal gegebene Willensrichtung, wie sie sich in der Empirie auseinanderlegt, wird besser oder schlechter, sondern er erhält nur mit der wachsenden Erkenntniss einen grösseren Reichthum von Motiven, die ihn nach Maassgabe der Erziehung zu einer immer consequenteren Entwicklung seiner wahren Beschaffenheit treiben. Dies führt uns auf die überaus schwankende und unbestimmte Darstellung Schopenhauers von dem Verhältniss von Wille und Motiv. Das Motiv gehört natürlich gänzlich dem „Bewusstsein anderer Dinge" an und wirkt mit der Nothwendigkeit des allgemeinen Gesetzes der Causalität. Wie auf die Ursache die Wirkung, auf den Reiz die Bewegung, so folgt auf das Motiv die Handlung. Sonach scheint es, als ob — wie besonders Gacquoin a. a. O. treffend hervorhebt, — der Conflict, die eigentliche Wahl, gänzlich aus dem Willen herausgenommen und in das Reich der Motive versetzt ist; der Wille ist dann nur der ausführende Factor des durch das stärkste Motiv, oder durch das Zusammenwirken mehrerer

---

*) Op. omn. vol. IV, a. a. O. § 16, p. 208. § 22 p. 271 ff.

Motive (das man sich nach Analogie des Parallelogramms der Kräfte deutlich machen kann) gegebenen Entschlusses; die Causalität ist dem Willen genommen und an die Motive gegeben. Doch aber erfahren wir bald darauf, dass keine Ursache, kein Motiv ganz allein aus sich heraus eine Wirkung oder Handlung hervorbringt, sondern dass sie gleichsam nur eine latente Kraft, den Willen, auslöst, in welchem die wahre Causalität liegt. Dieser anscheinende Widerspruch ist freilich nicht so schlimm; Schopenhauer würde ihn jedenfalls was Gacquoin entgangen ist, zurückweisen mit der einfachen Ueberlegung, dass ja in höherem, metaphysischen Sinn die Motive auch weiter nichts als Objectivationen des Willens sind und in diesem Sinn die Causalität, wenn auch durch das Medium der Motive, stets ihren Quell im Willen habe; seine wahre Ansicht ist offenbar die: der allgemeine Naturwille ist der allein wirkende, und eine andere Kraft ausser ihm gibt es nicht; in seiner Objectivation als Motiv bewegt er den menschlichen individuellen Willen, und zwar diesen mit Nothwendigkeit. Verhängnissvoll ist es aber für ihn, dass er den Unterschied zwischen jeder beliebigen Vorstellung und einer Vorstellung, die zum Motiv wird, weder überhaupt gewürdigt, noch erklärt hat. Wie eine Vorstellung zum Motiv wird, das musste gezeigt werden; und diese Untersuchung hätte den Philosophen dann auf den von ihm gröblich vernachlässigten oder vielmehr ganz übergangenen Begriff des Interesses oder der Werthschätzung geführt. Damit eine beliebige Vorstellung zum Motiv werde, ist es nöthig, dass sie eine ganz bestimmte Beziehung zum Wohl oder Wehe des Subjects habe, auf welches sie wirken soll. (Natürlich ist hier Wohl und Wehe im denkbar weitesten Sinne zu nehmen, damit man nicht hierin einen Panegyricus auf den nacktesten Egoismus erblickt!) Fehlt diese Beziehung, was übrigens für eine entwickelte Erkenntniss selten genug eintreten wird, gänzlich, so ist von einer Wirkung auf den Willen gar nicht die Rede, nicht etwa weil hier die Nothwendigkeit des Wirkens eines Motiv's aussetzte, sondern weil überhaupt gar kein Motiv da ist. Die Erkenntniss aber ist es, die uns immer mehr die Beziehungen anderer Menschen und Dinge zu unserem eigenem Wohl und Wehe aufdeckt; wie die aufgehende Sonne den Nebel zertheilt, in welchem wir bis dahin, ein verschwindender Punkt im unendlichen Dunstmeer, allein zu sein glaubten, und uns erst die nahestehenden Gegenstände, dann die ferneren, endlich den unbegrenzten Horizont erblicken lässt, so erlöst uns der Intellect aus der Isolirhaft unseren engen Ich's und zeigt uns in seiner steigenden Ausbildung die starken Bande, die uns erst an die Familie, dann an das Volk, die Menschheit und endlich an die ganze belebte und unbelebte Natur fesseln. Je höher diese Erkenntniss, desto grösser natürlich der Reichthum an Motiven; je mehr Motive, desto verwickelter und desto minder anschaulich ist der Conflict derselben; an der Nothwendigkeit aber, mit der sowohl das einfache Einzelmotiv als das stärkste Motiv unter einer Anzahl schwächerer wirkt, ändert die Erkenntniss, d. h. die grössere oder geringere Anzahl von Motiven, nichts. Ist aber mit dem Auftreten des nothwendig wirkenden Motivs die Freiheit aus dem Willen ausgeschlossen, so konnte noch der Versuch gemacht werden, sie vor dem Motiv auftreten zu lassen als eine Freiheit des Intellects, der sich etwa seinen Vorrath an Motiven beliebig sammeln könnte. So versucht Drobisch*) eine derartige Freiheit in der „Möglichkeit der Ueberlegung vor dem Handeln" zu finden. Das ist aber eine rein formale Freiheit, die auf derselben Linie steht, wie die s. g. „physische Freiheit"; sie besagt weiter nichts, als dass der Intellect, das Medium der Motive, von allen Störungen frei und in normalen Zustand sich befinden muss, wenn der Wille ungestört von fremden Einflüssen dem wirklich stärksten Motiv folgen soll, also den Ausschluss von Wahnsinn, Paroxysmus, Trunkenheit etc.; mit dem philosophischen Problem hat diese Freiheit ebenso wenig, wie die physische Freiheit, etwas zu thun. Obendrein hängt jene Ueberlegung vor der Handlung ebenfalls z. Th. von dem Grade der Erkenntniss ab; der besonnene und durchgebildete Intellect hält hier gleichsam Musterung über die

---

*) Moralstatistik und Willensfreiheit. Hamburg 1867.

ihm zu Gebote stehende Armee von Motiven; bei dem niedrigsten Grad sittlicher Bildung, wo fast nur auf anschauliche Motive gehandelt wird, findet diese Ueberlegung nicht einmal statt: sie ist selbst als Gewöhnung erst das Resultat einer verhältnissmässig hohen sittlichen Einsicht. Selbst Drobisch muss a. a. O. schliesslich zugeben, dass „diese Freiheit kein ursprünglicher Besitz des Menschen, sondern nur eine Befähigung ist, die um Fertigkeit zu werden, der Ausbildung und Uebung bedarf." Von einer Freiheit des Intellects, die geeignet wäre uns den Verlust der Willensfreiheit zu ersetzen, könnte man nur dann reden, wenn man beweisen könnte, dass die Entwicklung desselben ganz unabhängig von allen nicht in der Macht des Individuums stehenden Verhältnissen erfolge — eine monströse Behauptung. Die ganze Möglichkeit einer Erziehung, die in der versuchsweisen Zuführung neuer Motive an den zu bildenden Intellect durch Aufklärung über sein wahres Wohl und Wehe besteht, ist durch diese Auffassung von Wille und Motiv bedingt. Wenn Schopenhauer trotzdem eine gewisse Constanz und Angeborenheit des Charakters behauptet, so kann er, da wir die Pflicht haben einen solchen Denker möglichst in meliorem partem auszulegen, angesichts seiner Anerkennung einer successiven Entwicklung des Charakters und der Bedingtheit des Willens durch Motive nur dies meinen: Angeboren ist der Charakter nur insofern, als durch die von den Eltern überkommene Corporisation, Blutmischung u. A., also durch physische Bestimmtheiten der Organisation, eine gewisse psychische Richtung bedingt ist — die Erblichkeit gewisser Neigungen etc. wird ja von der Naturwissenschaft auch da anerkannt, wo sie die physische Grundlage dieser Erscheinung z. Z. noch nicht aufzeigen kann. Von einer Constanz des Charakters kann man nur in demselben Sinne sprechen, in welchem man in der Statistik einen constanten Factor, der sich hier aus Maximen oder bleibenden Motiven zusammengesetzt würde, den variablen Factoren, die hier aus momentan eintretenden anschaulichen Vorstellungen und Lockungen bestehen würden, entgegensetzt. Zu beachten ist, dass auch dieser constante Factor erst unter dem Einfluss der Eltern, der Familie, des Gemeinwesens, der geographischen und politischen Heimathsverhältnisse, endlich der individuellen Lebensgeschichte, allmählig sich niederschlägt. Wenn Schopenhauer daran Anstoss nimmt, dass zwei Menschen, die unter den gleichen Umständen, derselben Umgebung, Erziehung u. s. w. aufgewachsen seien, doch in dem gleichen Fall der Wahl zwei ganz verschiedene Entschlüsse fassen könnten, (hierauf gründet er nämlich die Lehre von der Angeborenheit des Characters), so muss ihm zunächst aufgegeben werden, wirklich einen solchen Fall, der mit der Genauigkeit eines chemischen und physischen Experiments behandelt werden müsste, nachzuweisen; gesetzt aber, dies gelänge ihm, so liegt doch in dem Element der Werthbeziehung, das, wie wir gesehen, die Vorstellung erst zum Motiv macht, ein vollkommen subjectiver Factor vor, der allein schon vollkommen genügte, die Incongruenz der beiden Entschlüsse zu erklären. Giebt man auch, wie oben geschehen, die Unveränderlichkeit jener eben erwähnten angeborenen physischen und psychischen Bestimmtheit der Organisation zu, die eben, einmal gegeben, ein unveränderliches und unwiderrufliches Factum ist, so involvirt doch schon die Aenderung der Erkenntniss, die ja mit Nothwendigkeit den Willen beherrscht, auch eine Aenderung des Willens; oder noch schärfer: ist, wie der Determinismus will, der Wille nur die Executivgewalt der Erkenntniss, so liegt die Charakterbestimmtheit nicht mehr im Willen, sondern in der Erkenntniss, und Aenderung der Erkenntniss ist unmittelbar Aenderung des Charakters. Wie wollte auch Schopenhauer bei der Annahme der Constanz des Charakters im schärfsten Sinn jene „katholische, transcendentale Veränderung" eines Menschen, der nach der Erkenntniss vom Wesen der Welt in der Selbstverneinung des Willens, im Quietismus, das moralische Facit der pessimistischen Lehre seines Meisters zieht, erklären, ohne wenigstens hier eine Ausnahme in der Unveränderlichkeit des Charakters zu machen, wie er es oben zu Gunsten der Freiheit gethan? Eine Lücke aber in der Constanz bringt diese ganz zu Fall. So hat unser Denker sich hier offenbar nicht zu einer klaren und in sich consequenten Ansicht über die moralischen Thatsachen des Bewusstseins durchzuarbeiten gewusst. So nahe schon dem Punkte, wo die Ethik dem Gebiet des Glaubens durch ihre Anerkennung und Behandlung als ein Wissen entzogen werden konnte, vermochte er es doch nicht durch eine ganz vorurtheilsfreie Untersuchung der Thatsächlichkeit der Bewusstseinsthatsachen den Boden zu säubern für eine Darstellung der Ethik, welche ihm selbst als die einzig richtige erscheint, nämlich welche nicht das Soll zum Gegenstand hat, sondern welche die moralischen Handlungen (und doch wohl auch Begriffe) auf ihr eigentliches psychologisches Fundament zurückführt. Eine solche Untersuchung würde ihn davor bewahrt haben, seine Lehre von der Willensfreiheit mit einem Aufwand von Kunstfertigkeit den angeblichen Bewusstseinsthatsachen anzupassen. Weder seine Darstellung des Verantwortlichkeitsbewusstseins, von dem weiterhin dann der Begriff des Gewissens und der Pflicht unmittelbar abhängen, noch des Charakters kann mit dem behaupteten Determinismus in Einklang gebracht werden.

Es bleibt uns nun noch übrig, nachdem sich uns die positive Lehre Schopenhauers weder vor dem Richterstuhl der Logik, noch vor dem Tribunal der Empirie genügend zu legitimiren vermocht hat, ganz kurz darauf hinzuweisen, welchen Fortschritt trotz alledem dieser speculative Versuch in der Geschichte unseres bisher noch ungelösten Problem bezeichnet.

Für's Erste muss man, wie dies auch die Jury der Preisschrift unseres Philosophen gegenüber anerkannt hat, ein wichtiges Resultat verzeichnen, nämlich den nach unserer Ansicht vollkommen gelungenen Nachweis, dass sich im Bewusstsein des Menschen, so billig und gewöhnlich die Berufung auf dasselbe auch ist, Data betreffs der Lösung der rein theoretischen Frage weder finden, noch finden können. Dasjenige, worauf sich der gewöhnliche Menschenverstand stets zurückzieht, das Bewusstsein, thun zu können, was man wolle, hat Schopenhauer trefflich abgefertigt und hoffentlich auf immer aus der Discussion über die Frage: wie kann ich wollen? die den eigentlichen Kern des philosophischen Streites bildet, verbannt. Hat er auch später durch die Anerkennung des Verantwortlichkeitsbewusstseins die Freiheit dennoch wieder auf krummen Wegen in das Bewusstsein einzuschmuggeln gesucht, so richtete sich dieser Versuch, wie uns hoffentlich zu zeigen gelungen ist, an seinen eigenen Deductionen. Das Problem ist ein für allemal dem gefährlichen Gebiet der Selbstbeobachtung und den darauf gebauten Schlüssen entzogen und in die reine Luft der Empirie versetzt; und man kann jetzt ruhig jene leider noch so zahlreichen Weisen, die der wissenschaftlichen Deduction mit lächelndem Munde ihr eigenes untrügliches Bewusstsein entgegensetzen, ihrer stolzen Sicherheit überlassen.

Mustergültig ist aber auch zweitens die Polemik Schopenhauers gegen das liberum arbitrium indifferentiae, oder den bedingungslosen Indeterminismus, der das Wesen des Willens, bequem genug, in den Zufall setzt. Wenn auch hier Schopenhauer wesentlich in die Fusstapfen Kant's tritt, so gebührt doch seiner Entwickelung der Allgemeingültigkeit des Gesetzes der Causalität, wie es uns namentlich in der Abhandlung über die vierfache Wurzel des Satzes vom zureichenden Grunde vorliegt, in ihrer flüssigen Klarheit und Ueberzeugungskraft eine ehrenvolle Stelle neben der, wenn auch eben so gründlich gedachten, aber minder lichtvollen Darstellung seines Altmeisters. „Kein Wollen ohne Motiv" — das muss für jede spätere Untersuchung der erste Grundsatz sein, ganz ebenso wie der Satz: „keine Wirkung ohne Ursache" es für jede experimentirende und auf Erfahrung fussende Wissenschaft ist. Die vollständige Kenntniss der ganzen Motivation, wie sie allerdings nur einem idealen Intellect innewohnen könnte, gibt die vollständige Kenntniss alles Handelns, so dass in der That ein Intellect, der mit einem Male den ganzen gegenwärtigen Zustand der Welt auch nur einen Augenblick überschauen könnte, mit absoluter Sicherheit aus dieser Weltformel alles Geschehen und Werden der künftigen Welt zu berechnen vermöchte. Diese von Schopenhauer selbst seiner intelligiblen Freiheit zum

Trotz behauptete Ansicht gibt zweien seiner Kritiker, Jürgen Bona Meyer und Gacquoin, Anstoss und sie bemühen sich, die anscheinende Strenge dieser Behauptung, nicht zum Vortheil der logischen Consequenz, zu mildern. Hier mag dagegen noch eine kurze Bemerkung Platz finden, da allerdings mit dieser Behauptung die ausnahmslose und unbedingte Determination des Willens durch Motive, die wir eben als eine Haupterrungenschaft aus der Schopenhauer'schen Untersuchung hervorheben, steht und fällt. — Gacquoin meint, dass jener Intellect, wenn er auch das „Dass" alles Geschehens und Handelns übersehen könnte, dennoch das „Wie" desselben, das der freien künstlerischen Production anheimfällt, stets entzogen bleiben müsste. Offenbar ist hier jenem Intellect, gegen die Voraussetzung seiner absoluten Vollkommenheit, der unterscheidende Mangel unserer beschränkten Einsicht, nämlich die Verschiedenheit des „Dass" und „Wie" untergeschoben. Für den Geist, der die völlige Summe des „Dass" überschaut, kann es ein davon getrenntes „Wie" nicht mehr geben, wenn anders jedes „Wie," d. h. die Form, ebenfalls bedingt, und zwar mit Nothwendigkeit, bedingt ist durch natürliche Factoren. Ein Raphael konnte mit derselben inneren Nothwendigkeit eben nur seine herrlichen Gestalten auf die Leinwand zaubern, mit welcher vielleicht neben ihm ein Tüncher seine rohen Zerrbilder zusammenklexte. Alles „Wie" jede Form, beruht doch im letzten Grund stets auf einem „Dass," auf thatsächlich gegebenen Verhältnissen; in und mit dem Entstehen eines neuen Seins ist auch unweigerlich seine ganz bestimmte Form gegeben. — Die zweite Ausnahme, die — besonders nach J. B. Meyer — von der durchgehenden Motivation des Willens sich finden soll, führt uns auf das nachgerade berüchtigt gewordene Experiment mit dem Esel des Buridan. Nach der übereinstimmenden Meinung unserer beiden Gewährsmänner ist dies allerdings cum grano salis — ein Experiment, dass jeder Mensch sofort anstellen könne, um sich zu überzeugen, dass bei der völligen Indifferenz zwischen zwei Motiven der „freie Wille" zu jeder Zeit eine „formelle Differenz" schaffen könne. Schade nur, dass erstens uns weder von Gacquoin noch von Meyer ein Fall von solch' absoluter Indifferenz zwischen zwei völlig gleichgültigen Handlungen angegeben wird — was übrigens recht schwer fallen dürfte — und dass zweitens diese „formelle Differenz" uns für die Behauptung der Freiheit gar nichts nützt. Das von Meyer angeführte Beispiel eines Menschen, für den es gleichgültig sei, ob er auf dem Stuhle sitzen bleibt oder aufsteht, leidet an dem Fehler, dass es nicht eine Wahl zwischen zwei gleichwerthigen, d. h. mit gleicher Intensivität motivirenden, Handlungen, sondern zwischen Nichthandeln und Handeln uns vorführt. Mit dem „klaren und deutlichen Bewusstsein eines Jeden" aber, „es hänge nur von seinem Willen ab, das Eine oder das Andere zu thun" ist Schopenhauer wenig gedient, denn er unterscheidet eben dieses „Bewusstsein der physischen Freiheit" scharf von dem eigentlichen Problem, ob das Wollen des Einen oder des Anderen in diesem Fall an ein Motiv gebunden sei, oder nicht. Dass es dies aber ist, muss Gacquoin merkwürdiger Weise selbst zugeben, obwohl er es in einem Athem verneint und bejaht. *) „Freilich liefert," so äussert er sich über das vorerwähnte Experiment, „dies Experiment nicht die Gewissheit einer absoluten Freiheit, da **immer ein Motiv der Wahl vorhergeht**, ... die Entscheidung aber zwischen zwei gleichen Objecten, zwischen zwei in gleicher Weise interessirenden Handlungen **kann ohne Vermittlung von Motiven geschehen.**" Die Vermittlung dieser Sätze müssen wir ihm überlassen. Man prüfe sich nur selbst; es ist absolut nicht denkbar, dass ein Mensch zwischen zwei Handlungen, die ihm völlig gleichwerthig sind, die eine vollziehe ohne Motiv. Das Zünglein der Wage, deren rechte und linke Schale je einen Centner tragen, bleibt ebenso unbewegt, als wenn gar kein Gewicht sich geltend machte. Der Mensch wird zwar nicht, wie der Buridan'sche Esel, zwischen seinen Heubündeln verhungern, aber er wird die eine oder die andre Handlung thun — nicht motivlos, sondern getrieben von dem

---

*) A. a. O. p. 32.

einfachen Motiv der Erkenntniss, dass er eine Handlung allein doch zu ein und derselben Zeit nur ausführen könne, also aus dem Bewusstsein seiner natürlichen Gebundenheit an Zeit und Raum hinaus, das dann eben — faute de mieux — an die Stelle eines aus innerlichen Gründen prävalirenden Motivs tritt. Das ist denn also wohl, wenn man auf Namen Werth legt, eine „formelle Differenz," aber durchaus kein Handeln ohne Motiv. — Es bleibt also dabei, das liberum arbitrium indifferentiae ist ein für alle Mal abgethan.

Damit hängt das dritte wichtige Resultat der Bemühungen Schopenhauers eng zusammen, nämlich die hier erreichte scharfe Präcision des eigentlich philosophischen Problems, welches lange Zeit gebraucht hat, wie am Anfang nachgewiesen, um sich aus der Vermischung mit den heterogensten Fragen in eine wissenschaftliche Pointe zuzuspitzen. Diese Frage heisst jetzt: Was ist der Wille? eigene selbstthätige Kraft oder Theil jener Naturkraft, die als Prinzip alles Werdens mit stricter Nothwendigkeit sich manifestirt? — Die Antwort setzen wir noch aus, so stark auch die Versuchung ist, aus der Negation des ersten Gliedes unserer Disjunction positive Folgerungen für die Wahrheit des zweiten Gliedes zu ziehen. Diese Negation genügt nicht, um die von Jahrhunderten behaupteten Thatsachen des moralischen Bewusstseins zu erklären, die, einmal unleugbar vorhanden, physiologisch, psychologisch oder — pathologisch begriffen werden müssen. Es ist der Weg nüchterner, ruhiger Empirie, auf den wir gewiesen werden, um an Stelle der Schul- und Katechismuspsychologie, die mit Worten zu erklären liebt, eine rationelle, von ihren Schwestern, der Physiologie, Ethnologie kurz Anthropologie im weitesten Sinne, sich nicht streng abschliessende Psychologie als Wissenschaft zu gewinnen; hat doch, auf eben diesem Wege allein, die Naturwissenschaft den Bann mehr oder weniger oberflächlicher „Systeme" zu überwinden vermocht und jenen Reichthum positiver Erkenntnisse zu gewinnen, der den Grundstock jeder späteren auf wahrhafte Naturerkenntniss basirten Weltanschauung zu bilden berufen ist. Hier gerade tritt nun der letzte Fortschritt, den wir gerade der mit solchem Scharfsinn unternommenen Untersuchung unseres grossen Philosophen verdanken, deutlich hervor; er ist ein mittelbarer, nämlich: **aus seinen Fehlern sollen wir lernen.** Der bisher letzte umfassende und praktische Versuch, durch blosse Speculation und metaphysische Construction unser Problem zu lösen, die Versetzung der Freiheit in eine intelligible Welt, ist — wir glauben, es aussprechen zu können — missglückt; er geht an seinen inneren Wiedersprüchen zu Grunde. —

Der kategorische Imperativ Feuerbach's: „Begnüge dich mit der gegebenen Welt!" muss immer und immer wieder durch das Fehlschlagen aller hoch über die Erscheinung hinausfliegenden Träumereien befestigt werden, ehe die Philosophie — unbeschadet ihres Rechtes auf durch Thatsachen gestützte Hypothesen — sich ernstlich ihrer positiven Aufgabe zuwendet, der hehren Aufgabe:

   die Welt zu begreifen. —

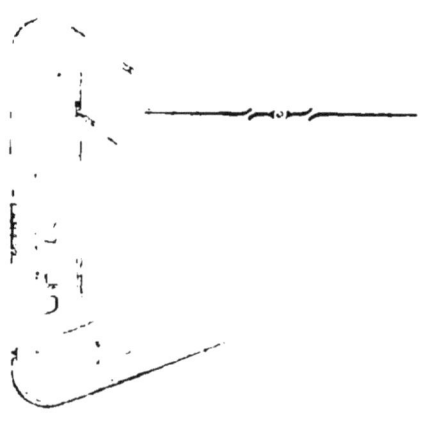

VITA.

Natus sum, Rudolph Penzig, a. d. III. Cal. Febr. MDCCCLV in vico Silesiae, Samitz appellato, qui non multum ab oppido Haynau abest, patre Ludovico, qui ecclesiastico munere functus a. MDCCCLXXII Lignitiae praematura morte mihi eripiebatur, matre Bertha e gente Sculteta, iam a. MDCCCLXI defuncta. Primis litterarum elementis Vratislaviae in gymnasio Elisabetano imbutus puer decem annorum patrem secutus sum Lignitiam, ubi gymnasii a viris praeclarissimis Müller et Güthling administrati omnes ordines ab a. MDCCCLXIV usque ad a. MDCCCLXXIV percurri. Examine feliciter sustentato undeviginti annos natus Vratislaviae per tria semestria theologiae evangelicae operam dedi, amplissime adiutus receptione in convictum Sedlnitzkyanum. Tum Halis per biennium studium meum absolvi; hic autem, quamquam initio beneficio convictus Harrachii theologo magna cum liberalitate oblato utebar, tamen, quia fides evangelica antea penitus animo insita magis magisque dubitationi cedere coepit, theologiae studium deserere coactus sum et philosophiae studio, quippe quod ne theologus quidem neglexi, sex, qui relinquebantur, mensis dedi. Deinde, quod non habebam, unde viverem, magistri munere et in schola Schnepfenthaliana et privatim Vratislaviae functus sum. Non possum praetermittere, quod cum fidem evangelicam animo meo diutius satisfacere non posse mihi in dies magis persuaserim, non dubitavi ecclesiam christianam derelinquere et dissidentium numero me adscribendum curare.

Liceat h. l. gratias agere viris claris, qui consilio et facto liberalissime me adiuverunt in studio; inprimis viris illis eruditissimis, quorum scholas licuit mihi audire; e quibus, cum omnes afferre longum sit, nomino Reuter, Gess, Köstlin, Riehm, Kähler, Haym, Erdmann, Keil, Hiller, Dittenberger alios. Nam licet aberraverim ab eorum doctrina et ratione, tamen numquam obliviscar, magnam eruditionis meae qualiscunque partem debere me eorum vocibus.

Theses.

I.

Schopenhaueri doctrina, quae summam omnium rerum qua sint per se ipsae, ponit in voluntate, ipsius consequentiis refutatur.

II.

Philosophorum quaestio de libertate voluntatis humanae eadem est, ac quaestio de voluntatis et existentia et essentia. Pertinet igitur ad psychologiam rationalem, non ad speculationem metaphysicam.

III.

Nihil esse in natura atque ordine rerum, quin ingenii humani viribus percipi possit, ab omni scientia statuendum est ut postulatum.

IV.

Quaevis fides religiosa vel moralis posita est sola in subiecti aestimatione; quamquam igitur pertinet ad scientiae obiecta, numquam scientiae partes quantulascunque debet suscipere. I. e: Omnis scientia penitus aliena est a religione.